女性のファンが生まれる！

伝わるウェブのブランド戦略

こぼりあきこ

同文舘出版

はじめに

　世の中には、多くの女性が好印象を持つホームページが、たしかに存在しています。それらのホームページは、女性のお客様に自然に「いいな」「利用したいな」と思わせます。

　一方、女性のお客様を知らず知らずのうちに遠ざけてしまうホームページもたくさんあります。せっかくホームページに訪れたのに、テンションが下がって購買意欲が失せてしまうということがあるのです。

　「その違いはいったい何だろう?」

　あなたはきっと、そう疑問に思って本書を手に取ってくださったことと思います。それぞれのホームページに、大小の違いはもちろんたくさんあるのですが、あえて大雑把に身も蓋もない言い方をしてしまえば、それはあなたのお店・会社のホームページを見たお客様が、「このお店、素敵だな」と思えるようなホームページになっているかどうかです。

　「そんなこと当たり前じゃないか」と思ったかもしれませんが、少し考えてみてください。ホームページを見てくれたお客様に、あなたのお店・会社のことを「素敵だな」と思ってもらうにはどうしたらいいでしょうか?

インターネット上に限らず、世の中を見渡してみると、今の時代、お客様から支持され続けるお店・会社と、残念ながらそうなることができないお店・会社は、たしかに存在しています。

　この「違い」が何なのかを客観的に分析してみると、お客様が自然に「このお店・会社から買いたい」と思うホームページがどんなものなのかが見えてきます。

　それは、お店・会社が、お客様との関係性をどう考えるか、その"姿勢"の違いです。お客様との関係性を単に、「売る側→買う側」という一方向的なものと考えているか、お客様から「信頼され愛される関係」を築こうとしているかどうか、その"姿勢"の違いなのです。

　この"姿勢"の違いは、あなたのお店・会社のホームページのあり方を決定的に変える要素になるのです。

　もし、お客様との関係性を単に「売る側→買う側」と考えているならば、あなたはどうしたらお客様に商品やサービスを買いたいと思ってもらえるのかを、一所懸命考えてホームページをつくることでしょう。極論を言えば、「お客様がどうしたら購入するボタンを押してくれるか」という基準で、ホームページに掲載する内容を考え、ホームページが自動販売機のような役割を担ってくれればいいとさえ思うかもしれません。

　他方、「お客様に信頼され愛される関係」を築くことを意図していたら、どんなホームページをつくりたいと思うでしょうか？　あなた

はまず、初めてホームページを訪れてくれたお客様にどうしたらあなたのお店・会社のこと、あるいは商品やサービスのことを信頼してもらえるかを考えなければいけません。

「ランキング1位」とか「著名人が使っている」ことを主張すれば、お客様は信用してくれるでしょうか？　もちろんそれらの情報も信頼要素のひとつにはなるかもしれませんが、たくさんの宣伝文句を見ているお客様は、「うまいこと言って買わせようとしているんでしょ」という疑いを持ってしまうかもしれません。

「何を言っているか」ではなく「誰が言っているか」、つまりあなた（のお店・会社）が何者なのかが、ホームページを訪れてくれたお客様に明らかにならなければ、お客様に信用してもらうことは難しい時代なのです。

「何者なのか」とはつまり、どんな考えで商品やサービスをつくったり、販売・提供しているお店・会社なのか、ということです。ホームページは、お店・会社側が単に情報を一方的に発信したり、商品やサービスを購入してもらう場ではなく、腰を据えてお客様と1対1であなたのお店・会社が「何者なのか」を体験してもらう場なのです。

あなたのお店・会社がどういうことを大事にしているか、商品やサービスを通じて世の中（お客様）に提供したい価値は何なのか、それを「言葉」「写真」「イラスト」「デザイン」などからも体験してもらうのがホームページです。

最初から購入してもらわなくても、体験を通じてあなたのお店・会社のことを信用し、好きになってくれれば、きっと自然に商品やサービスを購入したくなるはずです。

近年は「モノ消費ではなく、コト消費の時代」と言われているように、お客様は単に「モノ＝商品そのもの」を購入したいのではなく、あなたのお店・会社の商品やサービスから得られる「コト＝体験」を通してライフスタイルをより豊かなものにしたいと求めているのです。お客様があなたのお店・会社の商品やサービスを、自分の理想とする暮らし方（時間の過ごし方）に合っている、あるいは必要だと感じれば、自然に「使ってみたい」「行ってみたい」と思うのです。

　そのためには、あなたのお店・会社のホームページから、独自の「価値観」、あなたのお店・会社がどんなことを大切に考えているのかをきちんと伝える必要があります。
　本書を読んでいただければ、あなたのお店・会社が持っている価値観がどんなもので、その価値観を伝えるべき相手＝理想のお客様がどんな人なのか、考えることができるようになっています。

　そのようにしてつながることができたあなたのお店・会社とお客様との関係性は、もはや「売る側→買う側」という関係ではなく、言ってみれば「友人」「隣人」「仲間」のようなものになるはずです。

　スポーツの世界では、ファンのことを「サポーター」と呼んでいますが、商売においても同じことが言えます。ファンになってくれたお客様はあなたのお店・会社の「顧客」という概念を超えて、「応援してくれる人」「賛同者」のような存在なのです。

　このことは、2020年の日本だけでなく世界規模で起こった新型コロナウィルス感染拡大を通じて、商売をされているたくさんの方が実感されたのではないでしょうか。

　災禍の中で危機的な状況に陥ってしまったお店・会社をファンの人たちが支えてくれた、そんな光景を業種業態問わずたくさん目の当たりにしました。日頃から「信頼され、愛される関係」を築いてきたからこそ、ファンの人たちは応援してくれたはずです。

　また、生活者の視点に立てば、この災禍をきっかけに、それぞれの人がお金の使い方を今まで以上に考えるようになったと思います。今後は、それぞれの人が自分の価値観に従って、何に（誰に）お金を使うのかを考える傾向になっていくことでしょう。

　そのような世の中の変化を感じて本書を手に取っていただいた方に、本書が力になれることを願っています。

　大事なことを伝えるには、インスタントなコミュニケーションは不似合いです。じっくりと一つひとつ積み重ねていくように、多少時間や手間がかかっても、あなたのお店・会社の「賛同者」「サポーター」であるお客様に、あなたのお店・会社が大事にしていることを正しく伝えられるホームページを戦略的に構築していきましょう。

　「戦略」というと難しそうですが、別の言い方をすると、あなたのホームページを見に来たお客様に、

　●　どんなメッセージを伝えるか

- どのように伝えたらいいか
- どんな印象を持ってもらいたいか
- どんな気持ちになってもらいたいか

これらをあらかじめ考えて計画するのが「戦略」です。

「あなたのお店・会社らしさ」をホームページで正しく発信していくことが、ブランディングの大きな一歩になるのです。本書でお伝えしていく内容とワークシートを活用して、ホームページブランディングを実践していきましょう。

女性のファンが生まれる！「伝わるウェブ」のブランド戦略　目次

はじめに

カバーデザイン　　　荒井雅美（トモエキコウ）
本文デザイン・DTP　　マーリンクレイン
本文イラスト　　　　池田萌絵（チームdot）

女性の心を動かす
ホームページとは

第 1 章

最初の「出会い」が分かれ道
—— 好きになる？ or 不信感を持つ？

お客様は「あなたのよい噂」を聞いて
ホームページに訪れている

　あなたのホームページを訪れるお客様はたいていの場合、あなたのこと（お店・会社、商品・サービスについての断片的な情報でも）をすでに知っています。

　しかも、あなたのお店・会社について、何らかの「よい噂」を聞いていることが多いのです。

　そうお伝えすると、「そんなに有名じゃないですよ」と冗談のように受け取ってしまうオーナーさんがいるのですが、これは有名だから起こる特別なことではありません。

　今は、テレビや雑誌などのマスメディアが取り上げる情報だけでなく、ネットやSNSを介して一般の消費者間でたくさんの情報がダイレクトにやり取りされている時代です。実際に、「親しい友達や家族からおすすめされる情報を一番重視する」という統計もあるくらいですから、あなたのお店・会社、商品・サービスの情報がネット上で伝わって、興味を持つお客様がいることは特別なことではなく、むしろ前提として考えておく必要があります。

ホームページはお客様との「一期一会」

　自分自身に置き換えて考えてみましょう。普段、興味もないお店や会社のホームページをわざわざ調べることがあるでしょうか？　そして、新しいお店や会社のホームページを訪れる時は、周囲の人やSNS上の「よい噂」がきっかけであることが少なくないはずです。例えば、それがレストランの「よい噂」だったとしたら、「今度のパーティにいいかもしれない」「デートの時に行ったら喜ばれそう」など、きっとお店のよい雰囲気を期待してホームページを訪れるはずです。

　そんな期待をして訪れたホームページが、古めかしいデザインだったり、自分が知りたい店内の写真が掲載されていない雑なものだったらどうでしょうか？　**期待していた分、がっかりする気持ちも大きいはずです。**おそらく、もうそのホームページを訪れることもないかもしれませんし、お店からはさらに足が遠のいて別の候補店が選ばれることでしょう。

　店舗を持っていると、お客様との初対面を来店した時だとついつい思いがちですが、**お客様からすると店舗訪問の前、ホームページを訪れた時からあなたのお店・会社との最初の関係がはじまっている場合も多い**ということを意識しておくことが重要です。

　最初の「出会い」が人の印象を決めてしまうことは、ホームページに限ったことではありません。特に女性は、周囲の友達や家族、SNSでフォローしている人からのレコメンド情報には敏感に反応します。おすすめされた情報が「なんかよさそう」と感じたら、自分も同じよ

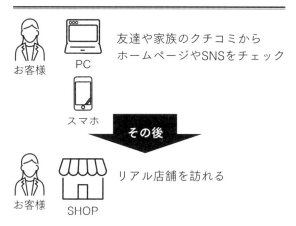

店舗を訪問するまでのひとつの行動パターン

お客様　PC　友達や家族のクチコミから ホームページやSNSをチェック

スマホ　その後

お客様　SHOP　リアル店舗を訪れる

うに体験してみたいと思うものです。この「なんかよさそう」という期待を裏切ることなく、あなたのお店・会社（商品やサービス）の魅力をホームページで体験させてあげることができれば、かなり高い確率で来店したり購入を前向きに検討してもらうことができるでしょう。

　ホームページへの訪問を「一期一会」だと思って、ホームページでもお客様の期待を裏切らないようにお迎えしてあげてください。

「噂にたがわぬ」ホームページになっているか

　例えば、インスタグラムで友達がおすすめしていた和菓子の写真が、職人さんの手づくりでおいしそうで、とても緻密につくられていて見た目もかわいいと思うものだったとします。

　女性はこういう時、「贈り物にもよさそう」「プレゼントしたら喜ばれそう」と瞬時に思うものです（もちろん自分へのご褒美にする場合も

あります）。そして、どんなお店で売っているのかホームページを調べます。

この時、どんな印象、イメージを期待してホームページを訪れるでしょうか。きっと「丁寧でおもてなしの気持ちに溢れた雰囲気」「和の伝統、老舗の印象」のようなことを頭の片隅でイメージします。それが、お客様がホームページに期待している印象です。

もし、その期待に応えてくれるようなホームページだったら、おそらく購入したいという気持ちは高まるでしょう。でももし、安売りチラシのような印象で、品のないホームページだったらどうでしょう。間違いなく、そのギャップにがっかりするはずです。さらに「贈り物にしたい」と思っている場合、いくら商品がよさそうでも、雰囲気のよくないお店で大切な人への贈り物を買うのは気が進まないものです。

では、「噂にたがわぬ」ホームページになっているためにはどうしたらいいでしょうか？ 何も SNS などの噂におもねる必要はありませんが、**まずはお客様にとってあなたのお店・会社の魅力となることがどんなことなのかを知ることは大切なことです。**

あなたのお店・会社の商品やサービスに魅力を感じてホームページを訪れてくれるお客様がどんな人で、どんな「よい噂」を聞いているのか、どんなことをあなたのお店・会社に期待しているのかをリサーチすることによって、あなたのお店・会社の魅力を知るための大きなヒントがつかめます。

単なる思い込みや独りよがりではなく、あなた自身があなたのお店・会社の魅力を正しく把握することは、ホームページブランディングにおいて欠かせないプロセスです（お客様リサーチの具体的な方法に

ついては第3章でお伝えします）。

「ライバルと争う」のではなく
「お客様に選ばれ続けること」を目指す

　たいていの場合、お客様は商品を購入する際に、他店と比較します。**お店・会社側の立場からは、比較されればされるほど、自店・自社の商品を購入してくれる可能性がそれだけ低くなるわけです。**

　他店と比較されても圧倒的に勝てるわかりやすい条件（価格など）があれば、そういう条件を全面に押し出して勝負してもいいかもしれませんが、今の時代、どんな業種でも価格や機能だけで他店と差をつけることは難しくなっています。

　また、仮にそのタイミングでは価格勝負で勝ったとしても、どこかのお店が真似をしてくることでしょう。**価格は最も簡単に（安易に）真似することができる条件だからです。**ですから遅かれ早かれ、いつかは価格以外のことで勝負をしないといけなくなる時がきます。

　ですが、お客様の立場に立つと、お客様は必ずしも価格や機能だけで選びたいと思っているわけではありません。たしかに、価格は安いに越したことはありませんが、価格が安いものを求めているわけではないからです。「同じような商品なら、安いほうがいい」と思っているだけなのです。

　逆に言うと、**同じような商品・サービスがなければ、もしくは比較できるような他店・他社がまわりにいなければ、選択肢はあなたのお店・会社だけになります。**

「そんな特徴をつくるほうが難しい。だから価格や機能で勝負しているんじゃないか」と言われる方がいるでしょう。**しかし、特徴はどんな人（お店・会社）にも必ずあります。多くのオーナーさんはそのことに気づいていないだけなのです。**気づいていないから、自ら他店と比較できるような条件（価格・機能）だけで勝負してしまうというサイクルから抜け出せなくなるのですが、この機会に本書を読んでいただき、少し立ち止まって考えていただきたいと思っています。

　「少し立ち止まって考える」と言っても、雲をつかむような抽象的な話ではありません。具体的に「戦略」を立てるということです。
　戦略を立てるというのは、あなたのお店・会社のどこに特徴＝「あなたならではのよさ」があり、それに対してお客様がどう魅力を感じるかを分析し、正しく発信することを考える作業です。
　他店を打ち負かそうとか他社を出し抜こうと考えるのではなく、「あなたがつくった商品、あなたが提供しているサービスだからこそ買いたい」と思ってくれるお客様に集まってもらうことを目指しましょう。

　この「戦略を立てる」という作業は、この時代に、大企業ではなく、スモールビジネスを運営している中小規模のお店・会社にとってますます重要になります。
　価格などの条件や機能だけで選んだお客様は、その後もあなたのお店・会社を選び続けてくれるかわかりませんが、**「あなたのお店・会社だから買いたい」「あなたから買いたい理由」があって購入してく**

れたお客様は、あなたのお店・会社のファンになってくれる可能性が高くなるからです。

　大企業のように莫大な広告宣伝費を使えない、したがって不特定多数の人を対象に商売をすることが難しい小さなお店・会社は、数は少なくても長く深くあなたのお店・会社のことを好きでいてくれるファンをつくらなければいけません。

　そして「ファン」というのは、「売り手⇔買い手」という関係を超えて、たとえて言うなら同じ村の仲間、あなたの「ご近所さん」のような存在になっていくものです。

　課題や困っていることがあれば一緒に手を取り合って解決していくような関係なのです。そういう関係性だからこそ、万が一あなたのお店・会社が困った時には、喜んで応援してくれます。

　あなたのお店・会社を好きになってくれる、ファンになってくれる可能性が高い人を集めるためには、最初の「出会い」からあなたのお店・会社ならではの「らしさ」を正しく感じてもらえるように伝える必要があるのです。

　それは言い換えると、あなたのお店・会社の「世界観」が体験できるホームページをつくるということです。

　世界観というのは、あなたが大事にしていること、価値観、信念、想いを、言葉とビジュアルを使って表わした、あなたのお店・会社のイメージのことです。

　価格や機能において違いがわかりにくくなっている今の時代、お客

様は「私に合っている」商品、もっと言うと、無意識に「私らしい」商品を探しています。そして、「私に合っているかどうか」「私らしいかどうか」を、お店・会社が発している世界観で判断しています。ですが、あなたのお店・会社が世界観をきちんとホームページで発信していなければ、お客様も選びようがないのです。

例えば、ある女性が「手をかけられているものを大事にする」という価値観を持っていたとしたら、きらきらとしたハイブランドよりも、肌ざわりや着心地を考えて丁寧につくられたナチュラル系のお店で服を購入するでしょう。もし、あなたのお店・会社が大事にしていることも「丁寧なものづくり」ならば、その女性はあなたのお店のお客様になってくれるはずです。間違ってもハイブランドのような世界観を店舗やホームページから発信してはいけません。

初めてあなたのお店・会社のホームページを訪れる人には、あなたのお店・会社の価値観が自分（お客様自身）の価値観と合っているということをできるだけ早く感じてもらう必要があります。
時間をかけたり、対面で言葉を尽くせばあなたが考えていることやあなた（お店・会社）らしさを理解してもらえるかもしれませんが、初めて訪れるホームページをそこまでの熱意を持って見てくれる人はそうはいないと覚悟してください。

ですから初めてホームページを訪れてくれるお客様を一所懸命説得しようとするのではなく、あなたが大切に考えていることやあなた（お店・会社）らしさというものが、ホームページ全体を通じて自然と感じ取ってもらえることを目指しましょう。

お客様に「世界観」を伝える

「世界観」とは……

> あなたが大事にしていること、価値観、信念、想いを、言葉とビジュアルを使って表わした、あなたのお店・会社のイメージ

「世界観」をホームページで表わす！

こんなことを大事にしています

なんかいいな

もっと見たい

HP

お客様、社会に対してこんな姿勢です

「世界観」を感じてもらい、よい印象を持ってもらう必要がある！

　パソコンやスマホの画面においても、よくも悪くも一瞬で第一印象を受け取られてしまうものです。ホームページに訪れた最初の印象で「なんか感じいいな」「もっと見てみたい」と思ってもらうために時間はかかりません。逆に、「期待していたのと違うな……」「イメージと違う……」という印象も一瞬で決まってしまうので注意が必要です。

　ホームページを訪れてくれた人に、一瞬で好ましい印象を持っても

らうにはあなたのお店・会社が持っている価値観を、正しく感じてもらえるホームページにしておかなければいけないのです。

　ですから、お客様にファンになってもらいたい、そう考えている小さなお店・会社のオーナーさんには、安易にホームページをつくってしまうのではなく、「あなたのお店・会社の世界観」をきちんと体験してもらえるホームページをつくることを念頭に置いていただきたいと思います。

　世界観をつくっていくために、特に重要になるのは先程からお伝えしている戦略と、それを表現するためのビジュアル要素（「写真」やデザイン）です。

　世界観をつくっていく作業については具体的に第4章で解説していきます。

② 居心地がよい場所かどうか

実店舗でもホームページでも「居心地」は大切

　店舗を経営されているオーナーさんであれば、お客様にとって居心地のよい雰囲気をつくるために、外観や内装、接客態度などにも心がけているはずです。では、ホームページとなるとどうでしょうか？

　せっかく店舗の雰囲気はよいのに、ホームページからはまったく気遣いが感じられず残念に思うことがあります。ぜひホームページを訪れてくれるお客様に対しても店舗と同じ意識でお迎えをしてください。お客様があなたのお店・会社のことをウェブ上でしか知ることができない場合、ホームページは最初の接点になります。パソコンやスマホの画面上から、すでに接客ははじまっていると認識しましょう。

　「居心地がよいホームページ」がどういうものかピンとこない方もいるかもしれません。「そもそもホームページは情報を調べるためのものであって、居心地のよし悪しなんて関係あるの？」と疑問に思うかもしれません。しかし、ホームページは情報を提供するためだけの媒体ではありません。

　たしかに、ホームページを訪れてくれた人に情報をきちんと提供することは大前提なのですが、そもそもあなたのお店・会社のホームページを訪れた人が「情報がほしい」と思っているかどうかは、実はこの時点ではまだわからないのです。「興味がある」＝「情報がほし

い」状態とは限らない、という意味です。

　違いがわかりづらいかもしれませんが、「情報がほしい」状態というのは、すでにあなたの商品をほしいと思っているのだけど、もう少し詳しく「購入の仕方を知りたい」「商品のバリエーションを知りたい」「価格を知りたい」など、具体的な情報を求めてホームページを訪れている人のことです。

　対して「興味を持っている」状態というのは、例えば「友達がインスタグラムで投稿していた写真が素敵でちょっと気になるな」というような人のことで、この状態の人はまだなにか具体的な情報を探してあなたのホームページを訪れているわけではありません。つまり、まだ「購入したい」とはっきりと思ってくれているとは限らないのです。

　店舗でのショッピングを想像してください。よく言われることですが、女性はウィンドウショッピングが好きなので、買い物の目的がはっきりしていなくてもショッピングという行為自体を楽しんでいます。逆に言うと、**女性にとってショッピングという行為が楽しいものでなければ「ほしい」という気持は高まらないのです。**その状態でいくら「よい情報」を伝えようとしても足を止めて聞いてくれません。ホームページ上では、いくら大切な情報を掲載していてもスクロールする指を止めることなく、スルーされてしまいます。

　つまり、ホームページに訪れてくれた女性のお客様に、あなたの商品やサービスの「よい情報」を聞いてもらうためにまずしなければいけないこと、それが「居心地」のよいホームページをつくることなのです。

「興味がある」＝「情報がほしい」ではない

興味がある	情報がほしい
「ちょっと知りたい」 「どんな商品か見たい」 →購入するかどうかまで 　は考えていない	「購入方法を知りたい」 「バリエーションを知りたい」 「価格を知りたい」 →すでに購入したい気持ちがあり、 　さらに具体的な情報を求めている

「ホームページ＝情報提供の場」ではなく、「ホームページ＝体験の場」

　たとえて言うなら、よい料理がよい器によってより引き立つのと同じです。よい器は単に見た目の美しさを引き立たせる効果があるだけではなく、より「おいしい」と感じさせることができます。同じ料理でも、器が違えば「味」も変わるのです。

　これをよく「演出効果」と言いますが、演出が味自体を変えているのではなく、料理を食べるという「体験」を変えてくれているわけです。

　「居心地」のよいホームページは、商品を知って検討するという行為を、前向きで楽しい「体験」に変えてくれます。

　楽しい「体験」といっても大げさに考える必要はありません。先ほどもお伝えした通り、女性にとって「商品を知って検討する」という行為自体が「楽しい」ものなのですから、もう少し簡単に言うなら「気持ちよく」検討してもらえるようにすればよいのです。

ホームページのアクセス解析ツール（サイト内に訪問したユーザーがどんな経路で来たか、何に興味があるのかなどを分析するツール）を使ったことがある方であれば、「滞在時間」という言葉を聞いたことがあると思います。

　「滞在時間」とは、あなたのホームページに訪れてくれた人がどれくらいの時間をホームページ内に留まり続けてくれたか、どれくらいの時間が経過した時にあなたのホームページから離脱してしまったかを示すものです。

　ホームページのページ数や1ページ内の情報量によって適切な「滞在時間」も変わるので、一概に長ければよい、短ければよいということは言えないのですが、ここで覚えておいていただきたいのは、**お客様があなたのホームページを訪れた時からホームページ内で過ごす時間がはじまっている**ということです。スクロールしたり、リンクをクリックして別のページに遷移したり、画像を拡大して大きく表示したりするその行動の積み重ねによって、お客様の「滞在時間」は成り立っているという当たり前のことを具体的に想像してもらいたいのです。

　そのように、**お客様の行動を時間軸で意識することによって、あなたのホームページで「何を」「どんな順番」で「どのように」体験させてあげれば、お客様が「楽しい」と思ってもらえるか、「気持ちよく」**過ごしてもらえるかを考えることができます。その積み重ねによってお客様の中に残る感情的な印象のようなものが、ここでお伝えしている「体験」の意味だと思ってください。

③ お客様はウェブ上で 「接客姿勢」を見ている

「すぐ買わせたい」という姿勢は見透かされている

　前項で「居心地のよいホームページ」についてお伝えしましたが、ホームページを見ているお客様に「居心地がよい」と思ってもらうために必要な要素として、「接客姿勢」があります。

　ここでも「ホームページは無人なのにどうやって接客するの?」と思われた方がいるかもしれません。私はここに誤解があると思っているのですが、**ホームページは「無人の自動販売機」ではなく、あなたの分身となってあなたの代わりにお客様とコミュニケーションをする媒体(場)です。**

　もちろん、小さなお店・会社にとってホームページは重要な販売チャネルの役割も担っています。店舗で販売できるボリュームに限界があったり、営業マンをたくさん雇用することができないという制限がある分、ホームページで商品やサービスを販売することは小さなお店・会社にとってはとても重要なことです。

　しかし、冒頭でもお伝えしましたが、今の時代に小さなお店・会社が競争に勝っていくためには、販売することだけに注力するのではなく、いかにお客様との関係を築くか(お客様にファンになってもらうか)が重要なポイントになっています。まだこちらから顔は見えませ

んが、ホームページを見てくれた段階からお客様一人ひとりとの関係
づくりはスタートしていると思ってください。

　競合他社がひしめく世の中で、新規のお客様との接点をつくること
が一番難しく、それゆえに最もお金（広告費）もかかります。だから
こそ、ホームページを販売という機能だけを担った「無人の自動販売
機」ではなく、**これから末永くファンになってくれるお客様と、あな
たのお店・会社が出会う大切な接点（機会）**と考えていただきたいの
です。

　では、どうしたらそのようにお客様との関係を築くことができるで
しょうか？　逆の立場で考えてみましょう。仮に、あなたがどこかの
お店の販売員や営業マンから商品を購入する場合、どのような人から
購入したいと思いますか？　こちらがどんなことを考えて、どんな気
持ちでこの店に訪れ、どんなことを求めているかを聞かずに、いきな
り商品やサービスの話をはじめて無理にすすめてくる人から買いたい
と思うでしょうか？　おそらく、**あなたがどんなことを望んでいるの
かをしっかり聞いてくれて、気持ちを汲み取ってくれてから、あなた
のために親身になって一緒に考えてくれる、そういう販売員から購入
したいと思うのではないでしょうか。**

　よい「接客」とは、そういうものなのではないかと私は思います。
「接客姿勢」は、その販売員、営業マン、ひいてはそのお店・会社の
「姿勢」を示す大事な要素です。そしてそれはホームページでもまっ
たく同じことが言えます。

　どこで買っても同じような品物であれば、そのような「接客」が存

在しない「無人の自動販売機」でもいいかもしれませんが、「あなたのお店・会社の商品・サービスでなくてはならない」「あなたから、あなただから購入したい」と思ってくれるお客様に購入してもらい、末永くファンになってもらうためには、あなたのお店・会社の「姿勢」を示さなければいけません。

　一般の消費者の傾向は、「誰から買うか」をはっきりと重視する時代になっているということを覚えておいてください。

「どういう迎え方か」が重要

　接客において「最初に何と声をかけるか」はとても重要ではないでしょうか。ここでも、お客様に対するあなたのお店・会社の姿勢が問われます。

　「私をどのように迎えてくれるか」「私を応援してくれる気持ちがあるか」という姿勢を重視するお客様にとっては、あなたのお店・会社の姿勢自体が他店・他社との"違い"になっているということを意識してください。商品やサービスだけで他店と差別化するのが難しい状況だからこそ、お客様に対する姿勢の違いをホームページでも積極的に表わしていくことはとても有効です。

　特に女性はお店・会社の接客姿勢をシビアな目で評価するので、あなたのお客様に対する気持ちや、商品開発に対する想いなどをホームページ上で示していくことで、最初の出会いからあなたのお店・会社の姿勢を感じ取り、共感してもらえた際には末永くファンになってもらえる可能性が高まります。

すぐに解決策がほしいとは限らない

　特に健康・美容系など、身体の不調などで困っているお客様を対象に商品やサービスを販売している場合、急いで自社の商品やサービスのよさをお客様に理解してもらおうとお客様を説得しようとしているホームページを見かけます。

　ですが、先程もお伝えしたように、お客様と長期的な関係を築く（ファンになってもらう）ためには、お客様をどのように迎え入れるかが大切です。その迎え入れ方に、あなたのお店・会社の姿勢が現われるのです。

　店舗での接客と同様に、こちらが言いたいことから先に聞いてもらおうとするのではなく、お客様が「何を気にしているか（心配しているか）」「どんなことに興味を持っているか」という視点に立って語りかけるつもりでホームページを設計しましょう。

　お客様の視点に立ってホームページを設計すれば、自ずとお客様を迎え入れる姿勢になることができるので、「このお店は他店とは違うかも」という印象を持ってもらうことができます。

　ただ、店舗での接客ならお客様の話をその場で聞くことができますが、ホームページではそういうわけにはいきません。「ホームページにはどんな人が見に来ているかわからないのでは？」と思われるかもしれませんが、それを考えることも「戦略」の一部であり、本書でみなさんに実践していただくことです。

　具体的には第3章でお伝えしますが、あなたのお店・会社と相性が

よいお客様がどんな人で、どんな価値観を持っていて（どんなことを大事にしていて）、どんな世界観を好み、あなたのお店に何を求めているのか。実際に店舗に来るお客様に対して考えるのと同じように考えてほしいのです。なぜなら、ホームページの向こう側にいる人も、店舗に初めて訪れる人と同様にひとりのお客様（生活者）だからです。

　ホームページのこととなると難しく感じられるかもしれませんが、実際の店舗等でお客様の接客をしていると、どんなお客様がどういうことを望んでいるかだいたい予測できるようになるのではないでしょうか。目の前のお客様が何に興味を持っていて、何に迷っていて、どんなふうに声をかけてあげたら心を開いてくれるか、お客様と直接対面していれば自然にわかるようになるはずです。

　店舗に来てくれたお客様がどんな人なのかわからないと、何と声をかけてあげたらよいかわからないように、ホームページでも見ている人がどういう人なのかを想定できないと、どのようにお迎えすればいいかを考えることができなくなります。そうなると、発信側の独りよがりなメッセージになってしまうものです。

　試しにこの視点で（お客様視点に立って）競合店のホームページを観察してみてください。そのような姿勢を示しているお店は多くはないはずです。これも第3章で詳しくお伝えしますが、**競合店がどういうホームページをつくっているかリサーチしていないと本当の意味の差別化はできません。**この機会に、競合店をリサーチして、これからつくっていくあなたのお店・会社のホームページが「お客様への姿勢」としてどんな違いを出すべきか考えてみましょう。

ホームページでもお客様に寄り添う接客を

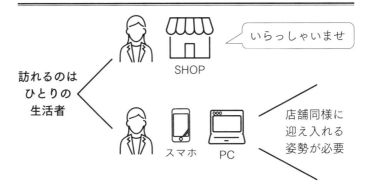

「誰から買うか」で背中を押す

「あなた」でなければならない理由

　ここまでのところで、お客様の視点に立ってホームページを設計するということがどういうことなのか、ホームページでもお客様を迎え入れる「接客姿勢」や「居心地」が大切になることや、お客様への共感を示すことがあなたのお店・会社と他店との「違い」を感じてもらうために重要な要素になっているということを説明してきました。これらはすべて、お客様から他店ではなく、あなたのお店・会社が選ばれるために必要なことです。

　ただ、たしかにお客様がどんなことを気にしてホームページを見ているかを知っておくのは重要なことではあるのですが、それが**知識やテクニック**だけで急ごしらえでつくられたものだとしたら**意味がありません（お客様にはすぐに見抜かれてしまいます）**。

　28ページでもお伝えしたように、あなたのホームページはあなたのお店・会社の分身となるべき媒体ですので、接客姿勢ひとつとってもあなたのお店・会社らしさが感じられるものであり、訪れただけであなたらしい「存在感」を感じてもらえるホームページになっていなければ、それが他店との差別化になることはありません。

　繰り返しお伝えしているように、今の時代、価格や機能だけであな

たのお店・会社が選ばれることは難しくなっています。「もっと安い
お店があるんじゃないか」「もっと機能がよい商品があるんじゃない
か」という基準で購入するお店・会社を比較検討されてしまうと、価
格競争に巻き込まれますし、小さい規模のお店・会社が生き残るのは
ますます難しくなっています。ですから、価格や機能という選択基準
ではない、別の価値基準をお客様にこちらから提示していく必要があ
ります。それが「誰から買うか」という価値基準です。

　お客様に「あなたのところから買いたい」と思ってもらえたら、
「あなたのところがつくった商品だったら」「あなたのところが提供し
ているサービスだったら」という理由であなたのお店・会社が選ばれ
るのだとしたら、それは決定的な差別化になります。
　「このお店（会社）で買いたい」というのはお客様側の価値観によっ
て決定されるもので、他店では真似のしようがないからです。お客様
にとって「誰から買うか」という基準は、「商品＝モノ」だけに価値
を置く選び方ではなく、「お店・会社の存在＝ブランド」と結びつい
た選択です。

　これは何も特別なことを言っているわけではありません。自分自身
を消費者の立場に置き換えてみれば、日頃から自然にやっていること
です。あなたが好きなブランドの商品を購入する時、その商品は用途
が同じでも他のブランドと「違うもの」になっていませんか？
　例えば Mac や iPhone で有名な Apple 社にはコアなファンがたくさ
んいますが、彼らにとって Mac や iPhone は、機能は同じでも他の数
多く存在するパソコン・スマホとは「違う」製品です。Apple の世界

観、デザイン性や醸し出す雰囲気や存在感、企業姿勢、それらが一体となったブランドイメージをファンは愛しています。そのブランドイメージを象徴する Apple のロゴマークが刻印されている商品を使うこと、持つこと自体が、単なる利便性を超えて、心地よいブランド体験になっているのです。

そしてそれは Apple のような世界規模のブランドだから起こることではありません。**あなたが好きなファッションブランド、カフェ、住んでみたい場所、所属したい企業や学校、こういうものを選ぶ時にブランドイメージ、つまり「誰から買うか」で選択することは、あなた自身にとっても馴染みのある行為のはずです。**

第2章でも詳しくお伝えしますが、**「誰から買うか」という価値基準を伝わるように提示すること＝ブランディングを**することは、お店・会社の規模にかかわらないどころか、今の時代に小さい規模のお店・会社ほど有効な戦略です。

理由は大きく言うと2つあります。ひとつは「ブランディングは小さい規模のお店・会社がやるものではない」という間違ったイメージがあるので、この本を手に取っていただいたあなた（お店・会社）にはあなたの業界の市場の中で他店他社との違いをはっきりさせるチャンスがあるからです。

もうひとつは、**小さい規模のお店・会社ほど、お客様との接点が少ないためブランディングを行ないやすい**ということです。大きなお店・会社ほど、お客様との接点（コンタクトポイント）は多くなります。店舗数、販売員や営業マン、コールセンター、広告媒体など、お客様との接点になるコンタクトポイントはすべてブランドイメージに

関わりますので、それらすべてに一貫性をつくり、維持するのは並大抵のことではできません。

　対して、小さい規模のお店・会社であれば、コンタクトポイントの数はかなり限られるので、ホームページ・広告・店舗・接客など、その気になれば一気にブランドイメージを統一させることが可能です。しかし逆に言うと、**数少ないコンタクトポイントはすべて、純度の高いブランドイメージで統一する必要があるので、一つひとつのコンタクトポイントがブランドイメージをお客様に伝える媒介として責任重大になります。**

　なかでも、お客様との最初のコンタクトポイントのひとつになり得るホームページの重要性はかなり高いものなのです。だからこそ、本書ではホームページから「あなた（お店・会社）らしさ」や「存在感（ブランドイメージ）」が感じられるものでなければいけないと繰り返しお伝えしています。

「あなたらしさ」で差別化する

　でも、今はまだ何かモヤモヤとしているかもしれません。それは、おそらく**「自分（自店・自社）らしさって何なのか」「自分（自店・自社）でなければいけない理由は何なのか」**が曖昧ではっきり言えないからではないでしょうか。

　実際に私がホームページ制作で店舗のお手伝いをする場合も、「うちにはそんな特別なものはない」と言われるオーナーさんがたくさんいらっしゃいます。**でも安心してください。あなたのお店・会社らしさは必ずあるのです。**

「自分らしさ」というのは本来とても抽象的で、自分自身で把握するのは難しいものです。

　プライベートでも、友人や家族に「あなたらしいよね」と言われることはあっても、それが具体的に何を指して言われているのかわざわざ特定することは少ないでしょうし、「これは自分らしいな」と逐一自覚しながら生活することもあまりないと思います。「自分らしさ」というものは意識的に考えておかないと自覚しづらいのです。

　また、「らしさ」というのは見た目などの「雰囲気」から醸し出されるものでもあります。つまりビジュアルにも密接に関係しています。ですから、ホームページであなたのお店・会社らしさを表現していくためには、「自分（自店・自社）らしさ」を言語化すると同時に、ホームページの見た目・雰囲気（デザイン）からもその「らしさ」が感じられるように考えておく必要があります。

　今、「自分（自店・自社）らしさ」が何なのか明確になっていなくても大丈夫です。「はじめに」でもお伝えしましたが、本書を通じてお客様に選ばれるホームページをつくるための「戦略」を立てていただくわけですが、「自分（自店・自社）らしさ」を考えることは「戦略」を考える上で最も欠かせない要素ですので、第3章で具体的に説明しながらワークをしてもらいます。

　「自分（自店・自社）らしさ」を明確にして、ホームページで正しく発信していくということを、本書では「ホームページブランディン

グ」と呼ぶことにします。

　ホームページでお客様にきちんとあなたのお店・会社らしさを体験
してもらい、お客様にとってあなたのお店・会社が特別な存在になる
ための作業です。ですが、言うまでもなく本書を通じて実践していた
だく戦略づくりはホームページに限らず、経営上の課題を解決するた
めにも有効です。

　「ブランディング」については第2章で詳しく説明しますが、**ブラ
ンディングの目的は、「らしさ」で他社から差別化することです。**「ブ
ランディング」というのは誤解されがちな言葉で、単に「見た目をよ
くする」「かっこよくする」というように使われている場合も多いの
ですが、それは間違っています。

　なぜなら、見せかけだけをよくしても、世の中（マーケットの中）
であなたのお店・会社の「存在感」は高まらないからです。

　また、ブランドというのはあなたのお店・会社の「存在」そのもの
ですので、取り繕った見せかけのブランドイメージは、必ずどこかの
プロセスで綻びを見せてしまいます。同じ衣装を着ていても、振る舞
いや姿勢などから本物と偽物はいずれは見分けられてしまうもので
す。

　本書でお伝えするあなたのお店・会社の「らしさ」は、あなた（お
店・会社）の外部に探したり、新たにつくり出すものではありません。
あなたの内側に探していく作業です。

　そのためのアプローチとして、**あなたのお店・会社に存在する「隠
れた資産の棚卸し」**をしてもらいます。これはつまり**自己分析**です。

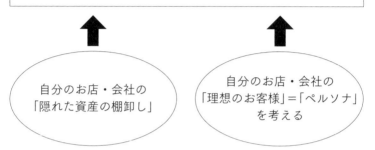

ホームページブランディング

「自分（自店・自社）らしさ」を明確にして、ホームページで正しく発信していくこと。
「らしさ」で他社と差別化することが目的。

自分のお店・会社の
「隠れた資産の棚卸し」

自分のお店・会社の
「理想のお客様」＝「ペルソナ」
を考える

　また同時に、**あなたのお店・会社にとっての「理想のお客様像」＝「ペルソナ」についてとことん考えていただきます。**

　「なぜ自分らしさを探すのにお客様像を考えないといけないのか」「自分らしさは自分の内側に探すものだったんじゃないの?」と思われたかもしれません。結論から言ってしまうと、「あなたらしさ」を体感しているのは、あなたのペルソナでもあるからです。

　「あなたらしさ」、つまりあなたの魅力を知っているからこそ、あなたのお店・会社のファンになってくれるわけです。だからこそペルソナのことを知ること・分析することは、「あなたらしさ」を発見するヒントになります。このことをよく私は**「理想のお客様像＝ペルソナはあなたのお店・会社の写し鏡」**と言っています。

　何か抽象的な話のように聞こえてしまうかもしれませんが、決して

そんなことはなく、少し考えてみれば当然の理屈です。先ほどからお伝えしているように「誰から買うか」というのは、お客様自身の価値観によって選ばれるということです。

　お客様の価値観と、あなたのお店・会社の価値観・世界観がマッチするからこそ、あなたのお店・会社が選ばれるのです。ですから、「あなた（お店・会社）らしさ」を探していく時に、自己分析と同時に理想のお客様像（ペルソナ）を明確にしていく作業は必要不可欠です。逆に、ペルソナが明確になっていない場合、「あなたらしさ」も明確になっていないと判断する材料にもなるのです。

⑤ 購入後も「買ってよかった」と 思ってもらう

一時的な集客ではなく、末永く愛してもらう

「誰から買うか」という価値基準を提示するためにブランディングをすることは、お客様の新規開拓だけに有効な戦略ではありません。むしろ、一時の売り上げだけにフォーカスするのであれば、ブランディングは必要ないものかもしれません。なぜならこの戦略は、単にセールスをする（単に売れればいい）のと比べると、時間も手間も要するものだからです。

でももし、今あなたが「うちの商品（サービス）の他社よりもよいところをどうしたら伝えられるだろう」「差別化したいけど、言葉にすると結局他社が言っていることと代わり映えしない印象になってしまう」ということに悩んでいたら、本書でお伝えするブランディング戦略をぜひ実践していただきたいと思います。

商品のよさ、他社との違いをアピールするために説明過多になってしまうと、独りよがりなメッセージになってしまいがちです。あなたのお店・会社を他社から差別化するために、お客様を説得しようとするのではありません。

つまり、こちらから売り込もうとするのではなく、**お客様の価値観によってあなたのお店・会社が選ばれる状態を目指すのです。**価値観

によって選んでくれたお客様だったら、きっとあなたにとって大切な
理想のお客様になるはずです。そのようなお客様とは、一時だけのつ
き合いだと考えるのではなく、きちんと向き合って信頼関係を深めて
いくコミュニケーションをするつもりで接客をしたいと思うのではな
いでしょうか。**今の時代、お客様はそういう姿勢を必ず評価してくれ
ます**。それが末永くあなたのお店・会社のブランドを愛してもらうこ
とにつながるのです。

　また、前項で Apple 社製品のことを例にあげましたが、そのブラン
ドのファンになってくれるお客様は、商品購入後もその商品を所有し
ていることを誇りに思うものです。
　「この商品を使っている」「このブランドの服を身にまとっている」
「この商品を暮らしに取り入れている」ことで毎日を心地よく過ごせ
る、それがブランドを愛するお客様心理であり、お客様が求めている
ベネフィット（利益になること）でもあるのです。
　**そういう欲求（お客様心理）で購入される商品は、ただ消費されて
いく日用品とは違います。「買ってよかった」と思ってもらうことに
よって、お客様の生活の中で時間をかけてそのブランドに対する愛着
は高まっていくのです。**

　単に「商品＝もの」として購入してもらうのではなく、お客様にブ
ランドのファンになってもらう入り口に立ってもらうために、最初の
第一歩としても、ホームページの存在はとても重要です。お客様に
とっての、あなたのお店・会社のブランドイメージは、ホームページ
を見た時からはじまっているからです。

ホームページでもブランディングが必要な時代

　インターネットにより、誰もが自由に自分のことを発信できる時代になりました。かつては不特定多数の人に知ってもらうにはテレビや雑誌などマスメディアに取り上げてもらう必要がありましたが、今は、誰もがインターネット上に自分の媒体（ホームページやSNS）をつくり、お客様と直接つながることができます。

　これは確かに、小規模のお店や会社を経営している者にとっては願ってもないチャンスです。

　一方で、一般の消費者（お客様）の視点に立った時にどうでしょうか？　誰もが自由に発信することができる状態は、必ずしも消費者にとってすべてがよいことだとは思えません。**検索結果には似たような情報（ホームページやSNSや広告）がたくさん並び、どれを信用していいのか判断しづらい状況になっているからです。**私がクライアントのお手伝いをする際にリサーチしていても、販売者の人格や人柄が見えないホームページがたくさん存在しています。

　自由に発信できるということは、逆に言うと、好きなように何でも言えてしまうということでもあります。どこかのお店・会社のホームページが成果を出してうまくいっていると聞けば、そのホームページで書かれていることやデザインを真似することは難しくありません。そういう状況の中で、お客様が自分に合った、本当に信用できる商品やサービスを探しにくくなってしまっていると私は感じています。

そのことを、私たち発信側もきちんと意識する（責任を持つ）必要がある、そんな時代になっていると思います。

ホームページでブランディングすることは、本質的には、あなたの商品やサービスを求めている人と正しくつながるために必要なことです。その結果、売り上げが上がり経営を安定させることができるからこそ、小さなお店・会社にとって重要な戦略となるのです。

価格や機能だけで勝負しようとするのでもなく、自分目線のメッセージだけで他社との違いをアピールしようとするのでもなく、あなたのお店・会社の「らしさ」＝ブランドイメージで差別化するために、あなたのお店・会社のブランドイメージにふさわしいホームページをつくる準備を次章からはじめていきましょう。

第1章のまとめ

① 最初の出会いが分かれ道

 戦略を立てる

- お店・会社のどこに 特徴 = ならではのよさ がある？
- その魅力を分析し、正しく 発信

ファンをつくるには…
最初の出会い = 初めて HP に来た時に、
らしさ を自然と感じとってもらう！

 not 説得

② 居心地がいい場所かどうか

何を どんな順番で どのように ？

居心地のいいホームページ
　　　　　 ＝
体験 の場　　　　　　＋　　　情報提供の場

❸ 接客姿勢

姿勢 = 他者・他店との違い

語りかけるように HP設計

お客様が
・何を心配?
・何に興味?

❹「誰から買うか」で 背中を押す

ホームページブランディングとは…

お客様が 〔このお店・会社から買いたい!〕と 選べるような

独自の〔価値基準〕をホームページ上で 提示していくこと。

「らしさ」は必ずある。
内側に探していく!

ペルソナ
= 理想のお客様像

明確に!

❺「買ってよかった」と思ってもらう

お客様の生活の中で
時間をかけて…

ブランドに対する
愛着 ↗

「ホームページ
ブランディング」で
あなたのお店の
ファンをつくる

第2章

① ホームページでブランディングすべき3つの理由

価格・機能では売れない時代に差別化する唯一の方法

　前章でも、価格や機能では他社と差別化できない時代になっているというお話をしました。そもそも、どうして価格や機能では差別化が難しくなっているのでしょうか。お客様目線で見た時に、各社がアピールしている「差」や「違い」がわかりにくい、という理由もたしかにあります。でもそれは表面的なことで、もっと根本的には、**価格や機能では「人の心が動かないから」**ではないでしょうか。

　売り手側（お店・会社）は他社と差別化しようと思うあまり、他社商品との「差」を追いかけてしまいますが、お客様目線で見るとその「差」が差とは言えない小さな狭いエリアでの競争になってしまっている、そんな状況なのではないかと思います。

　でも、どうでしょうか？　そもそも消費者は「差」をほしがっているわけではありません。同じ用途の商品を選ぶ時に「商品Aと商品Bの差が好きだからAを買う」という人はいません。たいていは「Aの商品のほうが好きだから」という主観的な理由で選びます。ですからお客様には、**他社との「差」をアピールしようとするのではなく、シンプルに好きになってもらうことを目指すべきなのです。**

　「なんだ、そんなことか」と思われるかもしれませんが、少し考えてください。この情報社会の中で、行ったこともないお店・会社、買ったこともない商品やサービスのことを「好きになってもらう」というのは、そんなに簡単なことではありません。

　お客様は日々、たくさんの情報にさらされていますので、一瞬の出会いで「このお店、素敵かも」と少しでも印象に残らないといけないのです。第1章でもお伝えしましたが、特に女性のお客様にとっては、この「好きになれるか」は、そのお店・会社を選ぶかどうかの分かれ道であり、判断するために重要な価値基準となります。

　では、他社よりも自社の商品を好きになってもらうにはどうしたらいいでしょうか。ここで一役買ってくれるのがあなたのお店・会社のホームページです。

　ホームページは、あなたのお店・会社の「個性」を表現するのにうってつけの媒体なのです。その理由のひとつは、ホームページは他の媒体（チラシなど）と比べて、伝えられる情報量が多いからです。ここで言う「情報量」とは、商品の機能的な情報のことではもちろんありません。繰り返しになりますが、機能だけでは「個性」にはなり得ません。あなたのお店・会社の「個性＝らしさ」を伝えるために必要な情報をホームページに掲載するのです。

　リアルな人間関係のことを考えてみればわかりますが、身長や年齢などの数字だけを見て、相手のことを「素敵な人だな」と思うことはないはずです（余談ですが、最近の婚活支援サービスは、昔のように年収・身長などの数値的な情報ではなく、AIによって人柄・価値観による相

性から判断してマッチングしてくれるサービスに進化しているようです。リアルな人間関係と条件を近づけているのです)。

第一印象でその人のことを「素敵だな」と思う場合、その人の持っている雰囲気によって判断することが多いと思いますが、**雰囲気というのは身なり（ファッション）、たたずまい、表情、ふるまいや態度、言葉遣い、声、などいろいろな要素が複合してつくられています。**それによって、その人の独自の雰囲気が感じられるわけです。その独自の雰囲気が、その人と、他の人との「違い」を感じさせる「個性＝らしさ」になっているから、第一印象でも「素敵な人だな」と感じることができるわけです。

ホームページでも考え方は同じです。お客様にとって「このお店（会社）は他とはちょっと違うな」と感じてもらうためには、あなたのお店・会社の「個性＝らしさ」が感じられるホームページになっていなければなりません。

では、どうしたら「らしさ」が感じられるホームページになるでしょうか？ 簡単に言えば、**あなたという人（経営しているお店・会社）の「存在感」が感じられるホームページになっていればいいのです。**つまり、**ホームページがあなたのお店・会社の分身になっていれば、「あなたらしさ」は自然に伝わるはずなのです。**あなたという人（お店・会社）が持っている「個性」が感じられれば、他のお店・会社との「違い」をホームページでもお客様に印象づけることができます。

ですが、ここで注意してほしいのは、**「あなたらしさ」というのがどういうものなのか、誰から見た「あなたらしさ」なのか、というこ**

とです。

プライベートでもよくあることですが、「自分らしさ」というのは自分では意外とよくわからないものです。

友人から「あなたらしいよね」と言われた時に、すぐにはピンとこなかったという経験が多かれ少なかれあるのではないでしょうか？もちろん「あなたらしさ」は他人が勝手につくり出すものではなく、たしかにあなた自身に属するものです。ですが、**自分で「自分らしい」と思っていることが、必ずしも周囲の人からの「あなたらしい」という印象と合致するとは限りません。**

このことを、お店・会社のことに置き換えるなら、この周囲の人からの目線というのは、もちろん「お客様目線」のことであり、もう少し広く言うと市場から見たあなたのお店・会社の印象ということになります。

ですから、ただ自分が思うことを好きなように発信すれば、あなたのお店・会社らしいホームページができるのではありません。第1章でもお伝えしましたが、あなたのお店・会社が大事にしていること＝「価値観」を伝えるというのは、単に自分の価値観を押しつけるということとは全然違います。

あくまで、**自分の価値観を伝えて、同じ価値観を持っているお客様に共鳴してもらうことです。**

もう少し簡単な言い方をすると**「このお店の考えていること、いいな」「この会社が目指している世の中って素敵だな」と思ってもらう、**ということです。

このことが、なんとなく大げさに聞こえてしまうようでしたら、あなた自身が消費者の立場に立ち返ってみてください。普段はそこまで意識していなくても、「なくなっては困るお店」「なくなってほしくない大切なお店」がきっとあるはずです。そのお店のことを思い出した時、単に商品やサービスのことだけが浮かぶでしょうか？　きっと大切にしている理由の中には、商品やサービスの機能だけではないものも含まれていることと思います。

　例えば私であれば、いくつかの大好きな服のブランドがもしなくなってしまったら、ものすごくショックです。大げさではなく、大切な人がいなくなってしまったのと同じくらい精神的に堪えるでしょう。それは、商品としての服が好きだということ以上に、そのブランドが私にとって「周囲になびかず、自分の心に響くもの（服装）を選択していい」という価値観を体現し続けてくれている存在だからです。大好きなカフェであっても同じです。メニューや内装が好きだったからということだけではなく、お店で過ごした時間がとてもよい時間だったからそのカフェは私にとってとても大事な存在なのです。「よい時間を過ごしてほしい」というお店のオーナーさんの想いが店内の雰囲気、店員さんの接客などから感じることができたわけです。

　お客様の心を動かす、ということは単にあなたのお店・会社の商品やサービスを「ほしい」と思わせるということではありません。そういう考え方に立ってしまうと、「ほしい」と思ってもらうにはどうしたらいいか、という発想についついなってしまうものです。結果、ホームページでも「売ること」をプッシュした内容になってしまいま

す。それでは、あなたのお店・会社の価値観はお客様に伝わりません。

　ホームページでも、あなたが大事にしていることを伝えて、その価値観に共鳴してもらえれば、お客様は単にあなたのお店・会社の商品やサービスを「買いたい」と思ってくれるだけではなく、あなたのお店・会社に応援したいという気持ちを持ってくれます。

　初めてホームページを見に来た時から、お客様はあなたのお店・会社がどんなことを考えているか、どんな体験を提供してくれるのかを感じ取っています。あなたのお店・会社と価値観の合うお客様に立ち止まってもらうために、ホームページは欠かすことができない役割を担ってくれるのです。

ホームページで「温度感」を体験してもらう

　新規のお客様を集客していくために、SNSなどでのクチコミ効果を無視することはできない時代になりました。とはいえ、ただ単に「いいね」の数を増やすことや、投稿の数を増やせばいいといったことでは成果にはつながりません。ここでも情報の「量」ではなく「質」が問われているのです。

　SNSだけではありません。お店・会社が発信する情報に対して、基本的に消費者は信用しないという傾向がより強くなっています。「何とでも言えるよね」「うまいことを言って買わせようとしてるんでしょ」と思われてしまうわけです。

　こういった消費者心理は特定の業種業界に限ったことではなく、か

なり一般的な傾向です。だから、単に「どんなことを言うか」という視点だけでなく「あなたのお店・会社らしさ」を見せることがセットで必要になっているのです。

「企業」対「消費者」、「売り手」対「買い手」という関係で一方的に言いたいことだけを言っていても信用してもらうことは難しく、あなたのお店・会社が何者なのかが伝わらなければ双方向のコミュニケーションは成立しません。

あなたのお店・会社が何者なのかが伝わるということは、SNSやホームページというインターネット上でも、あなたのお店・会社が存在として立体的に感じられるということです。

SNSやホームページにおいても、人と人とのコミュニケーションという意識でお客様と接しているか、あなたのお店・会社がどんな姿勢で商品・サービスやお客様のことを考えているか、そういった想いの「温度感」は伝わってしまうものです。

つまり、対面ではなく、インターネット上のコミュニケーションであっても、あなたの温度感をお客様に伝えることはできるということです。

ホームページは本来、あなたの商品・サービスづくりに対する想い＝温度感をお客様に伝える上でとても有効な媒体です。

温度感によって心を動かされて購入したお客様と、機能を気に入って購入したお客様とでは、購入後の関係性も変わります。単に商品の機能を気に入ってもらうよりも、あなたのお店・会社のブランドを好きになってもらえたほうが、お客様とより濃密な関係になります。関

係が濃密になるということは、それだけあなたのお店・会社がお客様にとって特別な存在になるということであり、結果的に他社との差別化になるのです。

　ホームページを単にお店・会社から情報を**一方的に提供する場**（メディア）と考えるのではなく、興味を持ってくれた人に**一対一**（マン・ツー・マン）**のコミュニケーションを体験してもらう場**だと視点を変えてみてください。

　例えば、リアル店舗で販売員が近づいてくればお客様はたいてい警戒します。けれどもホームページの場合は、あくまでお客様自身が自分の意志で、自分で選択して興味があることを見たい（知りたい）という意識でホームページを閲覧してくれます。ですから、お客様が見たい（知りたい）であろうことや、訪れる時のお客様の気持ちをしっかり考えてホームページを設計しておけば、逆に落ち着いてじっくりとコミュニケーションすることが可能なのです。

　ホームページにおいては、**前もってお客様のことをよく考えて設計すること自体が、お客様とのコミュニケーション**です。では、前もってお客様のことを考えるには何が必要でしょうか？

　当然ですが、ホームページを訪れてくれるお客様がどんな人で、どんなことを知りたくて、どんな気持ちなのか、それを知っておかなければ（想定できなければ）前もってコミュニケーションを設計することは不可能です。

　リサーチというのはそのために行なうことなのですが、このリサー

チを省略してしまったり、中途半端に行なって自分に都合のよい情報だけを集めて自己満足してしまっているケースが多くあります。それでは、「売り手」と「買い手」という「売る」ことを前提にしたお客様との関係と何も変わらないのです。

　リサーチとはお客様のことをよく考えること、人と人のコミュニケーションをするために欠かすことはできない工程だということを十分に認識してください。リサーチをすることで、お客様が抱えていた悩みや、あなたのお店・会社に対する思ってもみなかった気持ちを知ることができます。そうすることで、あなたの想い（温度感）も「お客様に伝えたい」という気持ちもより一層高まり、その想いがリアルになるという効果もあります。リサーチの具体的な方法については第3章でお伝えしていきます。

小さい会社ほどブランディングに取り組みやすい

　今までお伝えしてきたように、ホームページはお店・会社が一方的にお客様に情報を提示する場（メディア）ではありません。

　「何を言ったら買ってもらえるか」だけを考えてホームページをつくろうとすると、結果的に誰でも言える（真似できる）ようなメッセージになりがちです。逆に、お客様と人と人、一対一のコミュニケーションを体験してもらう場（メディア）だと考えた時に初めて、あなたのお店・会社らしさをホームページでも体験してもらうことができます。

　　人と人のコミュニケーションによってもたらされるものは、単なる

目先の売り上げではありません。それは「お客様からの信頼」です。
つまり、あなたのお店・会社のブランドへの愛情（愛着）です。そし
て、それは結果的に一時の売り上げではなく、継続的で安定した売り
上げをもたらしてくれます。

　ここで注意しなくてはならないのは、**「信頼」というのは意外とも
ろいものだということです。**一度信頼してもらえたらその先ずっと続
くものではなく、信頼関係は継続して維持していかなければいけない
ものです。
　これは組織が大きければ大きいほど難しいことです。なぜなら、お
客様との接点がそれだけ多くなるからです。店舗がたくさんあった
り、販売員や営業マンがたくさんいればいるだけ、そのすべてがお客
様との接点になります。そこには場合によっては、販売代理店、コー
ルセンターのような外部パートナーも含まれます。それらの接点すべ
てにおいて、つくり手の想い＝「熱」がどこを切っても同じように伝
わるように管理されていないといけません。よいホームページをつ
くっても、ホームページ以外のどこかで綻びがあれば、お客様に「不
信感」を持たれてしまいます。

　一方、小さいお店・会社であれば、お客様との接点はそれほど多く
なることはありませんし、**組織内のメンバーが少なければ少ないほど
オーナーであるあなたの想い＝「熱」を伝え、共有しやすくなりま
す。**
　ブランディングというと、資金が豊富にある大企業がやるような戦
略で、小さいお店・会社が手を出すべきことではないと言われること

がありますが、それは誤解です。ブランディングは、小さいお店・会社こそが実践すべき戦略です。

　お客様との接点が少なく距離が近ければ近いほど、お客様との信頼関係を構築することにおいて優位に立つことができます。広く浅い関係ではなく、あなたのお店・会社が大事にしている価値観に共鳴してくれるお客様との深く長いコミュニケーションこそ、小さいお店・会社が目指すべきことだからです。

　そのためにまずは、あなたのお店・会社が何を大事にしているのか、あなたのお店・会社ならではの価値観は何なのか、あなたのお店・会社らしさをどのように表現すべきなのかを明確にしておかなければいけません。

　それが明確になっていて、かつ正しく体験してもらえるようになっていないと、あなたのお店・会社の価値観に共鳴してくれるお客様と出会うことができません。

　特にホームページは、あなたのお店・会社のブランドと、お客様が初めて出会うとても大事な入り口になる可能性が高いです。最初の出会いで人の印象が決まってしまうように、お客様から見たあなたのお店・会社のブランドイメージも、ホームページの印象によってかなり影響されると考えてください。

　最初にホームページを訪れた時から、あなたのお店・会社の価値観、ブランドイメージをお客様にしっかり感じてもらえる（体験してもらえる）ように、ホームページを設計しましょう。

ホームページでブランディングすべき3つの理由

❶ 価格や機能では「人の心が動かない」時代だから
- お店・会社の個性を表現するのに最適！
- 価値観を伝えて共鳴するお客様を離さない

❷ 一対一で「温度感」＝あなたの想いを体感してもらうことができるから
- 温度感で心を動かされたお客様が特別な存在になる
- 興味を持ってくれた人とマン・ツー・マンのコミュニケーションをする

❸ 小さい会社ほどブランディングに取り組みやすいから
- お客様からの継続的な信頼を得られる
- 接点が少なく距離が近いからこそ、想いを伝えやすい

②　「ブランディング」と「マーケティング」の違い

小さいお店・会社は何からはじめるべきか

　前項で「ブランディング」は大きな企業の戦略ではなく、むしろ小さなお店・会社こそが優位に立てる戦略だとお伝えしました。でも、もしかしたら「小さなお店・会社がそんな悠長なことをしていたらつぶれてしまうじゃないか。まずは経営を安定させることが先なんだから、とにかく売ることに専念すべきだ」という反論があるかもしれません。

　「ブランディング」がテーマになると、どういうわけか目くじらを立ててこのように言われてしまうこともあるのですが、そもそも、売り上げを上げることと「ブランディング」を対立させて（二極化して）論じること自体がおかしなことだと思います。当たり前ですが「ブランディング」はお店・会社を経営していくために必要な戦略だからです。

　それでもたしかに、「売り上げを上げるための活動」と「ブランディング」のどちらから手をつけるべきか迷ったり、混乱してしまうことは多いのは事実です。ですから本項では、どちらを優先して行なうべきか少し整理してみたいと思います。

　「売り上げを上げるための活動」というと「マーケティング」や

「営業」「広告宣伝」「プロモーション」などの活動がすぐに思い出されることと思います。特に「マーケティング」は、よく「ブランディング」と対立させられたり、逆に混同されることが多いように思います。「マーケティング」という言葉を調べてみるとこのように定義されています。

> マーケティングとは、顧客満足を軸に「売れる仕組み」を考える活動。一般的に販売推進、営業推進と混同されがちだが、**長期的な視点から顧客支持を得ることを目的としている**点で、これらのセリング（販売）とは異なっている。（中略）マーケティングは、顧客にとって価値のある製品やサービスを提供するために必要なすべての要素をコントロールする役割を担い、その結果、**顧客からの信頼を勝ち取り、継続的に成長すること**を目的とする。
> （「グロービス経営大学院」より。太字下線強調は著者選択）

この解説を読む限り、「ブランディング」も「マーケティング」も同じように、単に短期的な売り上げを上げることではなく、継続的に顧客支持を得る（つまりお客様との信頼関係を築く）という目的を持った活動だということがわかります。

ですから、切り離すことはできないですし、切り離すべきでないもののはずです。ですが、まったく同じ活動というわけではありません。

「マーケティング」は、あくまで売れる仕組みを考えたり実践したりする活動ですが、そのお店・会社が消費者から見てどういう「存在」であるべきなのかを考えたり定義する作業は含まれていません

（少なくとも上記のマーケティングの定義の中では言われていないことです）。

　しかし、お客様にとってそのお店・会社がどういう「存在」なのかが定まっていないのに、お客様はそのお店・会社を本当に信頼することができるでしょうか？

　人と人との実際のコミュニケーションでも、「人柄」「人となり」がわからない人を信頼することはできないはずです。例えば、一緒に仕事をする時にも「この人だったら信頼できる」と思える人は、きっと「お金のためだけで動かない」とか「誰かのせいにせずに自分の役割を全うしてくれる」など、なんらかの「人柄」がわかっている人でしょう。

　お店・会社とお客様のコミュニケーションにおいても同じことが言えます。そのお店・会社が、どういう経緯でどういうことを大事にして成り立ち運営されているのか、どんなことにこだわって商品やサービスを提供しているのか、そういう内面的な「人柄」を表わすものが見えてきて初めて信頼できる「存在」になるのです。

　そしてもうひとつ、コミュニケーションにおいて重要な要素に「外見」があります。ここでの「外見」というのは、否定的な意味で使われる「外ヅラ」のことを意味しているのではありません。**その人の内面的な「人柄」を正しく反映している見た目の「印象」のこと**を意味しています。

　この「人柄」と見た目の「印象」がセットになってあなたのお店・

会社のイメージ＝ブランドイメージはお客様に受け取られますが、その受け取られ方が正しければ、あなたのお店・会社と価値観がマッチするお客様が自然と集まってきます。

　プライベートの人間関係でも、くどくど説明しなくても気持ちを汲んでくれる「相性がよい人」がいるように、価値観がマッチするお客様とは信頼関係を築きやすいものです。「類は友を呼ぶ」状態をつくることができるわけです。

　ですが、もし間違ったブランドイメージが伝わってしまったらどうでしょうか。

　例えば、お客様のためにとても真摯な姿勢でものづくりをしているのに、ホームページやチラシなどのお客様との接点になる媒体が安っぽい印象だったために、安売り店のようなイメージだけが伝わってしまうということは実際によくあります。そうなれば、あなたのお店・会社が大事にしている価値観を理解してくれない人が集まってくることになります。価値観を理解してくれないということは、正しく評価してくれないということですので、どんなにマーケティングを頑張ったとしても、お客様と長期的な信頼関係を築くのは難しくなるでしょう。

　「ブランディング」とは、世の中（社会）にあなたのお店・会社が正しく「存在」し、価値観がマッチするお客様と信頼関係を築いていけるように、あなたのお店・会社のブランドイメージをコントロールしていく活動です。

お客様にとって、ブランドというのはそのお店・会社の「存在」を表わすものです。第1章でも「誰から買うか」が消費者にとって重要な時代になったとお伝えしましたが、この「誰」にあたるものがまさにお店・会社のブランドなのです。

　消費者は、それがリアルな店舗であろうとホームページであろうと、お店・会社という無機質な物体のようなものから商品やサービスを購入するわけではありません。「誰から買うか」を気にしている以上、お店・会社は消費者にとっては「人格」をともなった「存在」なのです。

　考えてみれば当たり前ですが、商品を開発したり販売促進活動を行なってお客様に価値ある商品やサービスを販売するのは「お店・会社」なのですから、そのお店・会社を象徴するブランドがお客様にとってどんな「存在」なのか、定義し、明確にし、正しく表現するために行なう「ブランディング」が「売り上げを上げる活動」と別のこと、ましてや対立することであるわけがありません。

　お客様の視点で見れば、「マーケティング」「営業」「広告宣伝」など、お店・会社とお客様との接点になるすべての活動の裏には、あなたのお店・会社のブランドが常に透けて見えている状態なのですから、「マーケティング」「営業」などのお店・会社が行なう活動はすべてブランドイメージと矛盾することなく一貫していなければいけません。

　逆に、ブランドイメージに矛盾している「マーケティング」や「営業」が行なわれていたら、お客様はそのお店・会社に対して不信感を

抱くでしょう。「言っていること」と「やっていること」がばらばら
の人が信頼されることがないように、一貫性のなさは人に対して不信
感を抱かせるものだからです。

　ですから、どちらが重要だとか、どちらをやる必要がないといった
ことではありません。あなたのお店・会社のブランドイメージをきち
んと考えてつくり込むだけでなく、まだ見ぬお客様に知ってもらい、
商品やサービスを必要と感じてくれるお客様には継続して末永く購入
してもらえるようにマーケティングを行なわなければいけないという
ことなのです。
　「広告宣伝」「プロモーション」活動においても、いろいろな戦術を
駆使する必要もあるでしょう。ただし、その戦略や駆使されるさまざ
**まな戦術が、あなたのお店・会社のブランドイメージと一貫性がある
ものなのか、あなたのお店・会社「らしい」ものなのかは常に気にし
ていなければいけません。**

　例えば、広告を掲載するメディア（雑誌や番組やサイトなど）のイ
メージが、あなたのお店・会社のブランドイメージと合っているかど
うか。グーグル等のインターネット広告を出す時にも「広告コピー」
とランディングさせるホームページの印象にミスマッチが起きていな
いか……。
　実は、このようなギャップはよく起こっています。ですから、あな
たのお店・会社とお客様との接点になるものにはすべて気を配る必要
があります。
　また、接点だけではありません。広告を出す際には「キャンペー

ン」を同時に実施することもあると思います。「キャンペーン」というのはお客様の注目を集めるために行なう短期的な施策です。それ自体はもちろんいろいろなアイデアを駆使して行なうべきですが、「キャンペーン」を考える際にもブランドイメージと矛盾がないかは注意する必要があります。

　その一例として、最近よく行なわれている「全額返金保証キャンペーン」というものがありますが、「全額返金保証」自体がそのお店・会社の商品やサービスのイメージとマッチしていないがために、消費者からすると違和感を持つこともあります。時間をかけて体質を改善していくことができるような、体にやさしい化粧品や食材などを扱っているお店と、「効果が出なかったら全額返金保証します」というメッセージは何だかちぐはぐに感じませんか？
　もちろん、それにより短期的には新規顧客開拓や売り上げアップに効果が出るかもしれませんが、そのキャンペーンによって購入してくれたお客様はもしかしたら、あなたのお店・会社が大切に考えている価値観を理解してくれる相性が合っている人ではないかもしれません。そうなれば、長くよい関係を築いていくことはできないでしょう。

　このように売り上げを上げるための施策（成果が上がるとふれこみのある戦術）は世の中にたくさんありますが、その中からあなたのお店・会社のブランドイメージに合ったものを選ばないといけません。
　売り上げを上げなければいけないという目先のことだけにとらわれてしまうと、それらの戦術を手当たり次第に実施していくことになっ

てしまい、自分の軸（あなたが大切にしている信念や、大事にしたいお客様）を見失うことになりかねません。

　ですが、あなたのお店・会社のブランドイメージが明確になっていれば、その戦術があなたのお店・会社に適切なものかどうかも自分で判断できるようになります。ですから、まずはあなたのお店・会社のブランドイメージをしっかり考えることからはじめてください。

「北風と太陽」から学ぶブランディングの意味

　「北風と太陽」というイソップ童話があります。旅人が着ている上着をどちらが先に脱がすことができるかをめぐって北風と太陽が勝負をする話ですが、「ブランディング」の意味や目的を説明するためによく使われる寓話です。北風が強風で上着を吹き飛ばそうとすると旅人は寒がってしまい上着を脱ぐどころかもう一枚重ね着をしてしまいますが、それに対して太陽のほうはじわじわと暖かくすることによって旅人が自ら上着を脱いだというのがあらすじです。

　この寓話を「ブランディング」という視点で読んだ時に、教訓として最も重要な点はどこでしょうか？　それは実は、この**物語が終わった後**にあると私は思っています。

　北風の自分本意で強引な方法が逆効果につながったことに対して、太陽は結果を急がずに旅人が自分で脱ぎたくなるのを待ったことにより、かえって成果につながりました。

　ビジネスに置き換えると、お店・会社側が「売ること」「自分の利益」ばかりを考えて文字通り煽り売りのようなことをするよりも、お

客様の気持ちに寄り添って自然に買いたくなるような方法を考えて実践しなければいけない、という教訓として受け取ることができます。確かにこのことも商売をする上でとても重要な教訓です。

けれども、「ブランディング」においては、本質はこの話が終わった後の**旅人の「記憶」**にあります。

仮にこの物語に続きがあるとします。**旅人がもう一度、この話の舞台となったエリアを通る時、何を思い出すでしょうか？** きっと北風が吹いたエリアを歩く時には、あの時の強風の記憶がよみがえり警戒するのではないでしょうか。対して、太陽が照って暖かくなったエリアを通る時はきっとポカポカと心地よかったことを思い出すことでしょう。それは理屈で考えて取る行動ではなく、ほとんど**生理的な反応**と言っていいものです。違う言い方をすれば、**たった一度の体験で、旅人は北風エリアを「嫌い」になり、太陽エリアは「好き」になってしまったわけです**（これはあくまで私の想像ですが）。

北風がやった身ぐるみをはがされるような体験を好む人がいるわけがありません。もしかしたら、一時の気の迷いや勢いで買ってしまったとしても、その体験が後味の悪いものだったら、またこのお店・会社の商品やサービスを買いたいという気持ちは自然には起こらないでしょう。

特に女性にとって「買い物は体験」なのです。その体験が楽しくて、心地よく、心躍るものであれば、そのお客様にとってあなたのお店・会社に対する愛情はとても高まります。

その愛情（熱）の高まりが"ファン心理"になりますし、その熱は

あなたのお店・会社のブランドイメージと共に、そのお客様のまわりにも伝わっていくのです。それが結果的に、売り上げアップ、ひいてはお店・会社の成長につながることは言うまでもないことでしょう。

　「好き」になってもらって初めて、あなたのお店・会社のブランドとお客様とのコミュニケーションをスタートすることができます。逆に、最初の出会いで嫌いになられてしまったら、お客様と末永い関係を築くコミュニケーションに発展することなく終わってしまうのは目に見えています。北風のように強風で煽り立てるような売り方は誰にでもできるでしょう（やろうと思うかは別ですが、オリジナリティは必要ありません）。

　太陽のように自分の特徴を知った上で、自分らしい姿勢で、お客様とコミュニケーションすれば、価格や機能といった表面的なものではなく、もっと奥深くにある価値観でお客様とつながることができるのです。

お客様が「どんな人で、どんな価値観を持って、 どんな生き方をしている人なのか」を知る大切さ

　ここまでお読みいただいてきて、もしかしたらこう思った方がいるかもしれません。「この話って男性のお客様にも当てはまることじゃない?」、あるいはもし男性の方が読んでいただいていたら「いやいや、自分もお客の立場だったら太陽のような接客をしてほしいんだけど」と。

　その通りです。本書でお伝えしていることは、「女性のお客様にし

か当てはまらない＝男性のお客様には適用できない」といった話では
ないのです。

　逆に言うと、今までお伝えしてきたことは、すべての女性のお客様
に当てはまるわけではないとも言えます。でも、もし「女性のお客様
に売れる方法だけを知りたいんだけど」と思われた方がいたら、少し
落ち着いて考えてみてほしいのです。
　「その"女性のお客様"ってどんな人だろう」と。

　次章でも詳しくお伝えすることなのですが、**現代の社会ではライフ
スタイルが多様化しているため、お客様をひとくくりにすることがで
きません。**
　ひと昔前は、例えば35〜49歳の女性のことを「F2層」という呼び
方で一括してマーケティングを考えていましたが、おそらくあなたも
このくくり方にはきっと感覚的に違和感を持つのではないでしょう
か。
　会社、ご近所、友人同士の集まり等、属する環境によって、周囲に
いる女性の印象は、ひとまとめにくくることができないもののはずで
す。当然ビジネスにおいても、今はこのような大雑把なくくり方では
お客様像を明確にすることはできません。

　そして当たり前ですが、時代と共にライフスタイルが変化している
のは、女性だけでなく男性も同じです。今までお伝えしてきたよう
に、商品の機能ではなくお店・会社の姿勢を重視するようになってい
る男性もたくさんいます。「35〜49歳」というくくり方に意味がなく

なってしまったのと同じように、単に「女性のお客様」「男性のお客様」というくくり方ではお客様のことをじっくり考えることはできません。

　お客様のことを考える時に、属性としてのジェンダーを踏まえることはもちろん必要ですし、ジェンダーによる消費行動というのは長年研究されてきたテーマなので女性に特有の広告への反応や消費行動というのはたしかに存在していると考えられています。

　しかし、当たり前なのですが、世の中の女性全員が同じ行動を取っているわけではなく、特定のライフスタイル・価値観が似ている女性たちが、彼女たちの心に響くメッセージに対して似た反応をしているということですから、「女性全般が反応してくれる特別な売り方がある」と考えることに無理がありますし、それは意味があることではないのです。

　女性であっても男性であっても、どんな「人たち」と環境を共にしているかで価値観は細分化していきます。ですから、あなたのお客様が「どんな人」で何を大事にしているのかを詳細に考える必要があるのです。

　なぜ、このことを本章の終わりに強調させてもらったのかと言うと、本書のタイトルに「女性」という言葉が入っているのに、「女性だけに限定される話じゃないんじゃないか？」という疑問を持たれた方に、ここできちんとお答えしておかないといけないと思ったこと、そしてもうひとつ、**本書でお伝えすることが表面的に「女性だからこういうふうな行動をしてこういうふうなものを好む」というような意**

味にとられてしまうのではないかと少し不安を覚えるからでもあります。著者である前にひとりの女性でもある私自身も、そのように一面的に考えられてしまうことに抵抗を感じます。

　もちろん、本当の意味で、女性に配慮したメッセージを送ることができれば、結果的に、女性のお客様にファンになってもらうことができます。ですが、私の書き方ひとつで、その本質を、単に女性に「売る」ためのノウハウと捉えられてしまうと、ひとりの女性としての私自身も矛盾を感じますし、なにより、本書を読んでいただいている方にとっても、これからの時代、むしろブランドイメージを損なう、つまり商売上マイナスになる可能性があるからです。そのような可能性を回避し、なるべく本質的な部分を理解いただけるように、「女性だから」ということをあまり強調しすぎないようにしたところがあります。

　ではあらためて、何が必要でしょうか？　本質的なことは、あなたのお店・会社のお客様が「女性なのか、男性なのか」ではなく、「どんな人で、どんな価値観を持って、どんな生き方をしている人なのか」ということです。
　そして「その人」に、あなたのお店・会社の価値観が正しく伝わること、そういうホームページをつくり上げることです。

　本章までで、「あなたらしさ」で差別化する＝ブランディングだということ、そしてホームページがブランディングにとって重要な役割を持っていることをお伝えしてきましたが、次章からは自分らしさ、

あなたのお店・会社のブランドイメージがどんなものなのかを掘り下
げる作業について、解説しながら実践的に取り組んでいただきたいと
思います。

第2章のまとめ

① ホームページでブランディングすべき **3つ**の理由

その1 価格やスペックだけでは 人の心は動かせない

シンプルに
好きになってもらう
ことを目指す！

価値観 を伝えて、

共鳴 してもらう

買いたい！

関係が育っと…

応援したい！

その2 「温度感」を直接体験してもらえる

ホームページ

興味を持ってくれた人に、

マンツーマンのコミュニケーション

体験 してもらう場

not 一方通行

その3 小さい会社ほどブランディングが有効

コミュニケーション

売上 だけでなく、

信頼 ＝ ブランドへの愛着

2 ブランディング と マーケティング の違い

「北風と太陽」の旅人のその後…

北風エリア 〜〜〜

思い出して警戒 → キライ

太陽エリア ☀

ポカポカの思い出 → スキ

たった一度の体験で スキ・キライ が分かれる！

お買い物 = 体験

心地よい
楽しい
心躍る
体験

お店や会社への 愛情 アップ！

本質的なことは…

お客様が
◎ どんな人か
◎ どんな価値観 か
◎ どんな生き方をしているか

not 表面的

ex) 男性か？女性か？

「自店らしさ」「お客様像」
「市場での立ち位置」を
知って戦略を立てよう

第3章

3 「らしさ」＝「強み」を探す 【自己分析】

自分も気づいていない「目に見えない資産」が 貯まっていることを知ろう

　前章までで、今の時代において他店と差別化していくためには、価格や機能で競争しようとするのではなく、あなたのお店・会社の「らしさ」が正しく世の中に伝わるようになっていなければいけないとお伝えしてきました。そして、それが本当の「ブランディング」の目的であって、誤解されがちな、単に見た目をかっこよくするという表面的なこととはまったく違うこともご理解いただけたかと思います。

　ここから先は、あなたのお店・会社らしさとは何か、あなたのお店・会社「ならではのよさ」を考えていく作業をしていただきたいと思います。

　お伝えしたように、「自分らしさ」というのはたいていの場合、自分では気づいていないものです。ですから、すぐに思い当たらなくても心配しないでください。むしろ、焦って決めようとすると的外れだったり、独りよがりなものになってしまいがちです。「自分らしさ」というのは、じっくりと掘り下げていくように探すべきものなのです。

　まずはお店・会社の原点にさかのぼってみてください。どうしてそ

の商品やサービスを提供したいと思うようになったのか、そのきっかけや動機がなんだったのか、よく思い出すところからはじめてみましょう。

　できる限り客観的に振り返ってみてください。もし、すぐに思いついたことが「売れそうだから」「たまたまその商品を扱うことになったから」というような表面的な理由だった場合も、少し辛抱して考えてみてください。仮にそうだったとしても、あなたがその商品やサービスを「選んだ」という事実の裏側には、自分でもはっきりと意識していない動機があったりするものです。

　自分が気づいていない、日頃ほとんど意識していない当たり前のこととしてやっていることが、実はお客様にとっての「価値」であることが大いにあります。

　当たり前のこととしてやっていること、意識せずとも行なっていることが、あなたのお店・会社の「強み」である可能性が高いのです。そして、**意識せずにずっとやってきたからこそ、気づかぬうちに蓄積しているもので、それはまさに「目に見えない隠れた資産」と呼ぶに値するものです。**

　「資産」と呼ぶとなんだかお金に関わるニュアンスがただよいますが、ここで言う「隠れた資産」というのは、自分では気づいていないけれど誰かにとっての「価値」になっているものを意味するものなので、すぐさまお金には換算できない（ように見える）ものかもしれません。

　ですが、当たり前ですが、商売においてはお客様に提供できる価値

は売り上げにつながります。前章でお伝えした「北風と太陽」の話ではありませんが、すぐに結果＝お金になることを探そうとするとあなたのお店・会社の「隠れた資産」に気づくことからかえって遠ざかることになりますが、いったん雑念を捨ててご自身のことを掘り下げてみることによって結果的にあなたの「強み」（お客様にとっては他店ではできない体験）にたどり着くことができる、そういう類のものだと思います。

　もしかしたら、こういう内省的な作業があまり得意ではない人もいるかもしれません。その場合は、まわりの人に聞いてみましょう。**あなたのお店・会社のスタッフに聞いてみるのが一番おすすめです。**日頃スタッフさんと、お店・会社が提供している「本当の価値」が何なのかについて、お話することは意外とないのではないでしょうか。

　聞いてみると、経営者であるあなたと少し違った視点で、自店の価値、自店らしさを捉えている場合もあります。特に、普段からお客様と直接接しているスタッフの視点は、オーナー自身では思いつかないものが出てくるケースがあるものです。

　スタッフがいない場合も、関わりのあるパートナーや、家族に聞いてみるのもいいでしょう。聞く時は、なるべくリラックスした環境で、誘導せずに、聞き役に徹するようにしてください。ご自身で掘り下げる時と同様に、最初に出てきた答えを「どうしてそう思うの？」というように質問してみると芋づる式に出てくる可能性もあります。

アピールポイント（強み）は
無理につくるものではない

　当然ですが、お店・会社を経営していくためには集客することが必要になります。そのために、広告などを使って商品やサービスの宣伝をするわけですが、「他店との違いを見せたい」「うちの商品やサービスのよさを理解してもらいたい」という一方的な気持ちが強くなってしまうと、どうしても肩に力が入ってしまい、一度にたくさんのことを説明しようとしたり、違いをわかってもらうために他店の批判めいたことを言いたくなったりしてしまうこともあるかと思います。

　気持ちはとてもわかるのですが、集客を焦るあまり他店に勝つことばかりを意識しすぎて、お客様の気持ちを置き去りにしてしまう可能性があることに注意してください。**お客様があなたのお店・会社で買い物をし続けてくれる理由（あなたのお店・会社を選ぶ理由）は、単に商品やサービスがほしいからだけではなく、あなたのお店・会社で購入したいという気持ちがあるからだということを忘れないでください。**

　繰り返しになりますが、単に商品やサービスを求めているだけなら、今の時代、他店に乗り換えられてしまうことを防ぐのは難しいです。自分に置き換えて考えてみれば、単に価格や機能だけを基準に買った場合、同じようなものであれば他社商品に簡単に目移りするのではないでしょうか？　逆に、このお店・会社、このブランドだからという動機で買っている商品やサービスについては理由もなく乗り換えるようなことはしないはずです。

このようにお伝えすると、「うちの商品は他店とははっきり違う」「使ってもらえればわかる」と思われるかもしれませんが、少なくとも購入する前や、購入してからよさを実感するまでは、お客様にとって他社商品との違いは売り手が思っているほど明確になっていないものです。そして強くアピールしたいがために、よさがすぐに感じられるような宣伝文句で売っていたとしたら、期待通りではなかった場合にすぐに他社商品に乗り換えられてしまいますし、そうなればそれ以降あなたのお店・会社にそのお客様が戻ってきてくれることは難しくなります。

　ではどうすればいいでしょうか。**お客様に、まずはあなたのお店・会社のことを信頼してもらう、信頼してみようかなと思ってもらうことしかないのではないでしょうか？** 「このお店（会社）が言うことだったら信用して買ってみようかな」そう思ってもらってあなたの商品やサービスを購入してくれたら、そのお客様とは理想的な関係をつくれると思いませんか？　きっとあなた自身の中でも、このお客様のために貢献したいという気持ちが高まるはずです。特にヘルスケア商品などの場合は、購入後も効果を感じてもらえるように丁寧にアフターフォロー（専門家としてサポート）をするべきでしょう。むしろ、**購入してもらった後のコミュニケーションにおいてこそ、あなたのお店・会社の姿勢が問われるところです。**

　お客様にとってあなたのお店・会社でなければいけない理由は、商品やサービスのアピールポイントだけではありません。単に「よい商

品だから買いたい」のではなく「よい商品やサービスをつくっているあなたのお店・会社から買いたい」というものなのです。

　だからこそ、あなたのお店・会社らしさというものが必要になります。あなたのお店・会社の「らしさ」＝人格（キャラクター）がわからなければ「あなたのお店・会社から買いたい」と思うことはできません。

　しかし、あなたのお店・会社らしさは無理に捏造するべきものではなく、あなたのお店・会社が元々持っている、これまで蓄積してきた「隠れた資産」の中で探すべきものです。

あなたのお店・会社の「らしさ」棚卸しワーク

　「らしさ」の棚卸しワークは、自己分析に当たるものですが、分析と言ってしまうと急に堅くなってしまうかもしれません。堅くなってしまうと視野が狭まりますので、分析しようとしたり頭を使って考えようとしたりせずに、シンプルな作業だと思って取り組んでみてください。

　このプロセスは、あなたのお店・会社らしいホームページをつくる上で、もっともベースになる作業となります。

　もちろん、最終的にホームページできちんとブランディングしていくためには、自己分析だけでは足りません。次項以降の「お客様分析」「市場分析」も必ず経なくてはならないプロセスです。ですが、そのためにはまずご自身が気づいていない、棚の奥のほうに埋もれているかもしれない「隠れた資産」をどんどん棚卸ししていく必要があ

ります。

　そして、この最初のプロセスで棚卸ししてきたものが素材となり、その素材の中から市場におけるあなたのお店・会社の独自の「強み」を練り上げるようにつくっていきます。

　ですから、**この時点ではできる限り素材を出し切ることを念頭においてください。**焦って決めつけてしまうことをせずに、より広い視点で、倉庫をひっくり返して整理するようなつもりでじっくり棚卸しをしてください。

　そうは言っても、なかなか自分を客観的に見ることは難しいものなので、棚卸ししていくためのワークシートをご用意しました。

　このワークシートは、あなたご自身をより深く探っていくために**「プライベートについて」「仕事について」と、あえて分けて構成されています。**

　なぜ、お店・会社の分析をするのに、プライベートについてまで考えなければいけないのか疑問に思うかもしれません。もし、この疑問を感じた方は、むしろこの機会にじっくり「プライベートの自分」について掘り下げて考えてみることをおすすめします。

　なぜなら、**本来お店・会社を立ち上げ運営し続けていく原動力に、あなた自身の中にある個人的な動機がつながっていないことはあり得ないからです。**もし、動機は別物だと考えている場合は（例えば仕事はあくまで「生活のため」「家族のため」など）、**価値観という観点で考えてみてください。**

　**価値観というのは、その人が大事にしていること、判断基準になっ

ているものなので、その人が取る行動に無意識に影響を与えるものです。例えば、「こうしたい」とか「こうでないと納得できない」というようなその人独自の「こだわり」に反映されますし、意外かもしれませんがその人の「悩み」にも現われたりします。なぜなら「悩み」というのは、その人の「こだわり」によって生まれる場合が多いからです。

　以前、ある美容室のオーナーさんに独立開業したきっかけをお聞きした時に、「お客様とじっくり向き合うことができずに流れ作業になっているのがつらくて」とおっしゃる方がいました。回転率を上げればたくさんのお客様に施術をすることができるわけですから、「効率重視」を価値観にする人もいるでしょう。でも、この方の価値観（美容師として働いているモチベーション）は、お客様の理想を一緒にとことん追求することだったので、それが実現できていない現実に悩んでいたわけです。このように、「悩み」や「不安」といった一見ネガティブなものにも、その人の価値観は現われます。そして言うまでもなく、この美容師さんの「悩み」は独立開業の動機になるだけでなく、ご自身の美容室でお客様に提供するサービスにも反映されますので、結果的にそのサービスは、回転率重視のお店では提供できないものになり、そのお店独自の「強み」をつくる上での土台になったわけです（人それぞれの価値観の話ですから、どちらが正しいというものではありません）。

　おそらくどんな人にとっても、開業するということは人生の一大イベントであって、それはまさにその人の生き方そのものと切っても切

れない関係にあるはずです。

　その「切っても切れない関係」を今一度明確にするためにも、「プライベート」と「仕事」それぞれにあなたの価値観を探っていく必要があります。表面的な違いはあるかもしれませんが、きっと意識していないだけで、奥深いところで価値観はつながっているはずです。その「価値観のつながり」を明確にできれば、あなたご自身だけでなく、あなたのお店・会社の「軸」も、簡単にはブレない強固なものになるはずです。

　もうひとつ、「プライベートについて」をまず掘り下げていただきたいのは、仕事モードをいったん切っていただきたいという理由もあります。仕事モードに入っていると、どうしても「現実的なこと」に発想がとらわれます。

　「現実的なこと」というのは、例えば「早く売り上げを上げないといけない」とか「うちの事業に関係ないことだ」といったことです。このような制約があると発想に勝手にブロックがかかり、それ以上あなたの価値観を掘り下げていくことができなくなります。

　ですが、このワークは「現実的」な施策を考える前に、土台となるあなたの価値観を探るためのものです。あくまであなたがすでに持っているものの中に、他の人とは違うもの（他の人にはないあなたならではのこだわり）を探す作業です。

　もちろん、必ずしも「プライベートについて」からスタートしなくてはいけないということではなく、「仕事について」のほうからやってみていただいても結構ですが、順番はともあれ、どちらもやってみることをおすすめします。

あなたのお店・会社の「らしさ」棚卸しワークシート

① 下記の質問に、できるだけ具体的に思いつくだけたくさん書いてみてください。正しい答えを出そうとか、かっこよくまとめる必要はありません。文章の体裁なども気にせず、思いついたことをできるだけそのまま書き出してみてください。

[プライベートについて]

● あなたが好きで長年続けていることは何ですか？ なぜそれが好きなのか、また長年続けていられる理由も教えてください。

● あなたが怒りを感じる時はどんな時でしょうか？ （実際には怒らなくても）怒ってしまうシチュエーションと、理由を思い出して書いてみてください（できるだけたくさん出しましょう）。

● 友人とお茶をしながら（または、お酒を飲みながら）、このテーマだったら何時間でも語りたい（語っていられる）と思うことは何ですか？ またそのテーマについてのあなたの主張や大事なポイントはどんなことですか？

● 最近、感動したり感銘を受けたニュースやエピソードはどんなものですか？ （メディアで報道されるようなことでも、ご自身の周囲で起きたことでも）また、あなたが心を動かされたのはどうしてですか？

● あなたが好きなブランド（ジャンルは問わず）や、尊敬している有名人（スポーツ選手、作家、役者など）について、好きな理由なども含めて自由に語ってみてください。

● あなたが将来やってみたいことはどんなことですか？　それをやってみたい理由も教えてください。

[仕事について]
● 仕事をしていてあなたがうれしかった瞬間はどんな時ですか？　その理由も教えてください。

● テンションが上がる瞬間はどんな時ですか？　どうしてその時テンションが上がるのですか？

● 逆にテンションが下がる時はどんな時ですか？　どうしてテンションが下がるのですか？

● お客様に言われた言葉で、特にうれしかったことや、印象に残っているものはどんな言葉ですか？

●あなたの中でよく起こる葛藤はどんなものですか？　その葛藤が起こる時のあなたの気持ちはどんなものですか？

●あなたが仕事をする上で、大事にしていることは何ですか？どうしてそのことを大事にしているのですか？

●仕事に関して尊敬している人、理想としている人は誰ですか？その理由は何ですか？

●もしあなたが後輩（あなたの職業を目指している人）に、仕事についての大事なことを伝える機会があったら、どんなことをお話しますか？

●あなたが最初に今の仕事をしようと思った原点やきっかけ、理由を教えてください。

●あなたがお店・会社をつくろうと思った最初のきっかけを具体的に教えてください。

●あなたが今の仕事、お店・会社を続けている理由は何だと思いますか？

●現在の経営上の課題は何ですか？

●これから先、お店・会社をどうしていきたいですか？

●数年後、お客様や地域や社会の中で、お店・会社がどんな存在
　だと思われていたいですか？

②　①をすべて書いたら、少し時間を置きましょう。時間を置い
　たら客観的に眺めてみてください。客観的に眺めてみて、自分
　が大事にしていること、価値観を表わすキーワードやストー
　リーなど、気づいたことがあったら書き出してみましょう。
　　すぐに仕事に結びつかない、関係ないと思うようなことでも
　気にしないでください。人に見せるものではないので体裁を気
　にすることもありません。思いついたままに書き出してみてく
　ださい。

③　自分の価値観を表現してみましょう。ご自身が仕事をする上
　で、「自分にとってはこれが大事なことで、絶対にゆずれない
　こと」あるいは「自分はこのために仕事をしている」と思って
　いることを言葉にして表現してみてください。

④　あなたのお店・会社のよいところを書き出してみてくださ
　い。自分目線で構いません。あなただけでなく、まわりのス
　タッフさんや家族にも聞いてみましょう。

お客様が、どんな人かを
とことん把握する【顧客分析】

あなたのお店・会社の
「理想のお客様」について熟考する
──末永くおつき合いしたいお客様はどんな人？

　前項では、ご自身の価値観を掘り下げる作業をしてもらいました。それはあなたのお店・会社の独自性、他店他社との「違い」を、商品の価格や機能などの外部要素で取り繕うのではなく、内部、つまり経営者であるあなた自身や、あなたのお店・会社が蓄積してきた「隠れた資産」の中から探す作業でした。それが、お客様から見た時に、あなたのお店・会社らしさの原石であり、他店他社にはない独自性のヒントです。

　けれども、あなたのお店・会社らしさを、すべての人が理解や評価ができるとは限りません。むしろ、**すべての人に理解してもらう必要はないのです。**世の中に存在するたくさんのお店・会社が、それぞれに独自性や「違い」を持っているように、お客様もそれぞれ独自の「好み」「価値観」を持ってお店や商品を選んでいます。ですから、あなたのお店・会社らしさを好んでくれる、つまり**あなたのお店・会社が大事にしている価値観を理解し評価してくれる人が、お客様になってくれればいいわけです。**そのようなお客様があなたのお店・会社にとっての理想のお客様のはずです。

とはいえ、**理想のお客様が現われるのをただ待っていればいいと言っているわけでありません。**限られた狭い範囲の中であれば、いつかお客様のほうからあなたのお店・会社を見つけてくれる可能性もありますが、インターネットが普及したこの情報社会の中で、あなたのお店・会社と理想のお客様が偶然出会う確率はおそろしく低いものです。

　どの業界においても競合他社がたくさんいる中で、何も手立てを打たずに経営が安定するほど甘くはないわけですから、こちらから積極的に理想のお客様に出会えるように動かなければいけません。

　そこで問題になるのが、どうしたら理想のお客様に興味を持ってもらえるのか、ということです。**そもそも理想のお客様がどんな人で、どんな生活をしているのかがわからなければ、その手段を考えることも試みることもできないはずです。**ところが私が知る限り、理想のお客様について把握していないお店や会社が多く存在します。自店・自社にとっての理想のお客様がどんな人なのか熟考していないように感じます。

　もし、自店・自社にとっての理想のお客様が明確になっていない段階で、広告宣伝することを想像してみてください。相手がどんな人なのか、どんなことに興味を持つのか、どんなことを不安に思っているのかなどがわからない状態で、どんなメッセージを語りかければ興味を持ってもらえるか考えることができるでしょうか？　もし当てずっぽうでつくった広告に反応がなかった場合、メッセージや広告媒体などをあれこれ変えることになるでしょうが、その際にも相手の心に響くことがわからなければ、右往左往するしかなくなりどんどん軸がブレた広告になっていきます。

　そうなると、広告費だけがかさみ、短期的なプロモーションだけでなくあなたのお店・会社のブランドイメージの一貫性も崩れていくことになるのです。

　第2章でもお伝えしてきたように、お客様は「誰から」買うのかを重視する時代ですので、あなたのお店・会社のブランドイメージがお客様にとってどう映っているのかを常に意識しながら、ブランドイメージと矛盾のない活動（広告宣伝も含むすべての企業活動）をしていかなければいけません。

　注意してほしいのは、お客様の視線を意識するというのは、お客様に合わせたブランドイメージをつくっていくということではない点です。あくまであなたのお店・会社の「らしさ」が先にあり、それがお客様に正しく伝わるようにするために（正しく伝わっているかを確認するために）、お客様にどう映っているかを意識するという意味です。

　そして、そのためにはあなたのお店・会社が仲よくしたい理想のお客様がどんな人なのかわからなければ、その人たちからあなたのお店・会社がどう見られているのかもわかりません。

　このあと詳しくお伝えしますが、理想のお客様は、あなたのお店・会社が大事にしている価値観に共鳴してくれる人なので、類は友を呼ぶと昔から言われているように、**あなたのお店・会社の人格（キャラクター）に似ている人**です。

　お店・会社の「人格（キャラクター）」と言われるとピンとこないかもしれませんが、お客様目線に立てば「誰から買うか」ということが重要であり、その「誰」というのは紛れもなくあなたのお店・会社の

「理想のお客様」を知る大切さ

理想のお客様

・どんな生活をしているか
・何に興味を持っているか

共鳴する

自分のお店・会社

・どんなことを大事に
　しているか
・お客様にどんな価値を
　提供したいか

人格（キャラクター）です。

　理想のお客様があなたのお店・会社の人格（キャラクター）に似ているということは、ある意味で、理想のお客様はまるで鏡に映った自分（あなたのお店・会社）の姿のようなものだということです。

　ですから逆に言うと、理想のお客様が明確になっていないということとは、実はあなたのお店・会社らしさ、つまりブランドのイメージもまだ明確になっていないということを意味します。

　だからこそ、ホームページブランディングを行なっていく前提の作業として、本章では自己分析と顧客分析の両方をはじめに行なっているわけです。本書を読んでいただいているあなたは理想のお客様についてすでに分析しているかもしれませんが、それでもこの機会にあらためて自店・自社の理想のお客様について考えてみてください。

価値観や好みの世界観は、
細分化されている

　例えば、ひと昔前の日本では女性は結婚したら主婦として家庭に入り、家事や育児に専念するというのが主流の社会でしたので、女性はある程度の年齢の幅によって生活スタイルに共通性があったかもしれません。それに比べて、現代の女性のライフコースはかなり多様化しているので、年代だけでセグメントしようとするとお客様像を見失います。

　もちろん、年代というのは、その時代の社会環境と密接に関係しているので、ある程度は共通性があるはずです。例えば、インターネットがない時代に青春期を過ごした今の40、50代の人たちと、中学生でもスマホを当たり前のように持つ現代の10代の若者たちと比べたら明らかに年代グループで違う価値観があるでしょう。それは、よく言われる世代間ギャップというものです。

　生きてきた社会の「当たり前」が大きく違えば、大まかにその世代ごとの共通の価値観も違って当然です。ですから、その年代の人に共通の価値観は押さえるべきですが、それはあくまで「世代」であって、30代40代といった年齢による区切りとしての年代とは分けて考えたほうがいいでしょう。「世代」はその世代特有の価値観やカルチャーなどを含んだ視点であり、当たり前ですが「年代」が変わっても「世代」が変わることはありません。

例えば、ある美容系ブランドがかつて金髪の女性をよくモデルに使っていました。時代が変わった今でも、ある一定の世代の女性たちにとってはそのイメージに違和感はないでしょう。現に今でも、金髪の女性を広告モデルにした商品は販売され続けています。けれども、今の若い世代の女性たちにとっては違和感のあるイメージだったりすることもあるのです（そうした違和感をなくすために黒髪の親しみがあるイメージの女性をモデルに起用する企業ももちろん存在します）。そして、その若い世代の女性が年齢を重ねて大人の年齢になったからと言って、急に金髪の女性モデルに憧れを持つということはないわけです。

　ですから、**お客様の属性について考える時には、単に年齢の区切りとしての年代ではなくあくまで「世代」を意識してください。**

　さらに、世代ごとの価値観はあくまでベースになるだけであって、あなたのお店・会社が対象とする「理想のお客様」を把握し明確にするためには、もっと細分化して考える必要があります。

　例えば、最近の30代の女性向けのファッション誌を調べてみてください。普段あまり女性のファッション誌のことを知らない男性であれば、その種類の多さに驚くかもしれません。その種類の多さは、読者である女性の「好み」の多様性をそのまま示しています。

　女性のファッション誌には、さまざまなジャンル（テイスト）がありますが、そのジャンルは読者となる女性が持っている価値観に関係があります。その女性の価値観、つまり大事にしていること、ライフスタイルによって、好むファッションやカルチャーの「テイスト」も変わってくるからです。

　実際に、書店で手に取って見てもらうことをおすすめしますが、そ

の「違い」が雑誌の表紙から一目でわかります。同じ年代の女性向けとは思えないほど、演出された世界観が異なっていることを目の当たりにすることができるでしょう。それほど同じ世代の女性でも「好み」は多様化しているのです。

　あなたのお店・会社の「理想のお客様」がどんな人なのかを捉えるには、女性がこのような多様な価値観を持って生きているということを前提にしなければいけない時代です。

　これは女性男性に限らないことですが、世の中のビジネスがますます「顧客中心の時代」になっていることとも関係があるでしょう。「顧客中心」ということは、お客様を抽象化した「集団」として考えるのではなく、ひとりの生活者としての「個人」としてありありと想像できなければ成立しないことです。お店・会社側だけがそう考えているのではありません。今の時代はインターネット上でも、お客様が「個人」として扱われることを求めている、それが当たり前の世の中になりつつあるのです。

　ですから、ここまで本書で一貫してお伝えしているように、ホームページでもあなたのお店・会社が一人ひとりのお客様に対して誠実に「接客」する「姿勢」を示さなければいけません。

勝手な想像ではなく、お客様をしっかりリサーチする
――何を考えてどんな気持ちで商品を購入していたのか

　では、あなたのお店・会社のお客様について、価値観や好みの世界観をどうしたら知ることができるでしょうか？　それはリサーチする

しかありません。

　リサーチを中途半端に済ませてしまったり、省略してしまうと、先ほどお伝えしたように「どんな人にどんな世界観を体験してもらいたいか」がとても曖昧なホームページをつくってしまうことになります。そうなると理想のお客様に興味を持ってもらうことができませんし、また軸がブレた一貫性のないイメージをお客様に与えることになってしまいます。

　お店・会社のブランドというのは、場当たり的なものではなく、人から人へ伝わっていくに従って、時間をかけてお客様にとって大事な存在となっていくものです。つまりブランドは、人と同じように生きて成長していくものなのです。ブランドの成長を視野に入れずに、一時の売り上げのことだけを考えた場当たり的な活動ばかりしていると、いつまで経ってもそのお店・会社のブランドは成長が止まった状態になり、やがて世の中に存在していないも同然になります。

　ですから、根拠なくむやみやたらにホームページをつくるのではなく、しっかりリサーチをしてください。リサーチには、手間や時間、時にはお金もかかりますが、ただ一時的な売り上げだけを考えるのではなく、お客様に末永くファンになってもらうことを考えるならば、絶対に欠かすことができないプロセスだと認識してください。

　リサーチのプロセスで目指す目標は、あなたのお店・会社にとって理想のお客様を具体的にイメージすることです。具体的にイメージされた理想のお客様像を「**ペルソナ**」と呼びますが、リサーチをするというのは、同時にこのペルソナをつくっていく作業でもあるのです。

ですから、リサーチという作業は、すでにクリエイティブな領域の作業だと思ってください。

　すでにお客様がいる場合は、直接お客様にインタビューをすることをおすすめします。インタビューをお願いするお客様を選ぶ時の一番重要な基準は、「この人のようなお客様をこれから増やしたい」と思える人かどうかです。

　つまり、あなたのお店・会社のファンで、あなたのお店・会社が提供している商品やサービスの価値をわかってくれている人です。できれば複数名を選んでください。これから対象にしていきたい世代が決まっている場合は、その世代のお客様にインタビューしてください。もちろんその場合も、その世代だけでなく長年ファンでいてくれているお客様にもインタビューしたほうが、よりお客様にとってのあなたのお店・会社の価値は明確になるかもしれません。

　人数は、最低5人くらいはインタビューできるといいです。可能であれば10人前後できると、なお得られる情報は充実します。

　インタビュー形式は、複数人に同時に行なういわゆるグループインタビューではなく、一人ひとり個別に行なうデプスインタビューをおすすめします。話しづらい内容もあるかもしれませんし、複数人になるとどうしても他人の目を意識した発言になるので、本音を聞き出すのが難しくなります。回答を誘導してしまうようなことは避けなければいけません。

　これは余談ですが、インタビューをしてみると今まで知ることがな

かったお客様の気持ち、あなたのお店・会社に出会う以前のこと含めて知ることができるので、今まで以上にあなたやスタッフさんの情熱が呼び覚まされます。ぜひ実践していただきたいと思います。

あなたのお店・会社がどう映っているかを聞き出すヒアリング

　本書を読んでいただいている方の多くは、新規のお客様の集客を課題と考えているのではないかと思います。ホームページをつくる（リニューアルする）目的も、新規のお客様と出会う接点にしたいとお考えでしょう。これから出会うお客様のことを知るのに、すでにファンになってくれている既存のお客様のインタビューをして役に立つのか、もしかしたら疑問に思う方もいるかもしれません。

　でも、ここで思い出してほしいのは、すでにファンになってくれている既存のお客様も、以前はあなたのお店・会社のことを知らず、商品やサービスを購入したこともなかった人だったという当たり前の事実です。

　つまり、すでにファンになってくれているお客様にインタビューする理由は、その人がどうやってあなたのお店・会社のことを知り、商品を購入してみようと思い、リピーターになり、やがてファンになってくれたのか、つまりあなたのお店・会社とどのように仲よくなっていったのかという過程を丁寧に観察していくためです。

　あなたのお店・会社の「姿」がお客様にとってどう見えていて、ファンになっていく過程でどのように関係性が深まっていったのか、それをつぶさに知る作業です。

　それを知る中で、もちろんマーケティングデータも集まってくることでしょう。集客のための施策についてもアイデアが浮かぶかもしれません。ですが、焦らないでください。繰り返しお伝えしているように、順番はあなたのお店・会社のブランドイメージをブレのないものにすることです。そのブランドイメージにマッチした施策は、後から考えていくことができます。まずは、あなたのお店・会社がお客様から見てどう映っているかを知ることに集中してインタビューをしましょう。

　そのような目的で、すでにファンになってくれているお客様にインタビューをするわけですから、インタビューをする時には、現時点のお客様の気持ちだけを聞き出して満足しないように注意してください。そのお客様は、すでにあなたのお店・会社のファンになっているわけですから、あなたのお店・会社、商品やサービスについてよい印象を持っているのは当たり前です。どういう点に満足してくれているのかを聞くことは大事なことですが、それだけに終始してしまうと、これから出会いたいペルソナ（まだ見ぬお客様）のことを考えていくためのヒントをつかみ損ねてしまいます。なぜなら、そのお客様の中でも、現時点のあなたのお店・会社に対する関係性と、過去に出会う前や出会った直後の関係性は間違いなく違うものだからです。

　関係性というのは、その時々でとても微妙なグラデーションで変化していくものです。購入前でも、複数の段階が存在していて、その段階ごとに、その人の気持ちは微妙な変化をしていきます。

例えば、あなたのお店・会社のことを知った最初のきっかけは、SNSだったかもしれません。それがどのSNSで、誰の投稿だったのか、どんな内容だったのかによって、初期設定の気持ちはだいぶ変わります。「これ、私もほしい！」だったのか、「かわいいけど、私に似合うかな？」などという気持ちの差によって、次の行動が変わるかもしれません。次のステップで、インスタグラムのアカウントを調べるか、ホームページを見にくるかもしれません。その時にまた、どんな気持ちの変化が起きるか、どんな印象を持って、何を考えたり検討したりしたのか、その一つひとつがとても重要なヒントになります。

　そういう情報は、今現在の気持ちを聞いても出てくるものではありません。ですから、**インタビューでは、むしろ、あなたのお店・会社に出会う前、商品やサービスを購入する前のことを中心に丁寧に聞いていくべきなのです。**もちろん、たいていの場合、過去にあなたのお店・会社に出会った時のことは忘れていますが、丁寧に質問していけば思いのほか細部まで思い出してくれるものです。

　なぜなら、ファンでいてくれるお客様にとって、あなたのお店・会社との出会いは、大げさにいうと人生の中での重要なターニングポイントだったりするからです。そうした、言わば物語がお客様ごとに存在しています。まずはそれらの物語を知ること、それがあなたのお店・会社がどういう存在であるのか、どういう存在になるべきなのかを考えるために必要です。

　このプロセスでお客様にインタビューする目的は、集客のための施策を考えることではなく、あくまであなたのお店・会社がお客様に

とって「会いに行きたくなる存在」になるようなホームページをつくることです。

　インタビューのための、ヒアリング項目をシートにまとめたので参考にしてください。業種やあなたのお店・会社のあり方によって、質問の仕方は変更して構いません。

お客様インタビューシート

※以下では、あなたのお店・会社を〇〇とします。

[あなたのお店・会社との出会いについての質問]

1.　〇〇に出会う前、〇〇についてどれくらい知っていましたか？　当時、どういう印象でしたか？

2.　〇〇に出会う前、〇〇の商品（サービス）についてどれくらい知っていましたか？　当時、どういう印象でしたか？

3.　どうやって〇〇を知りましたか？

4.　〇〇の存在（もしくは〇〇の商品の存在）を知った時、どう思いましたか？　どんな気持ちでしたか？

5.　その当時、どういうことを求めていましたか？　どんなものを探していましたか？　その当時のご自身のこと（状況やその時の気持ちなど）を思い出して教えてください。

6. ○○の商品を購入（○○に来店）する前後に、○○以外で他に「こんなものがほしい」（「こんなお店に行ってみたい」）と思ったことはありますか？　それは何ですか？

7. 初めて○○の商品を購入して手にした時（初めて○○に来店した時）、どんな印象でしたか？　テンションが上がったり、逆にがっかりしたことはありましたか？

8. どうしてそう感じた（思った）のですか？

9. ○○から継続して購入（継続して来店）するまでの期間、○○や○○の商品はあなたの中でどんな存在でしたか？　誰かに話したり、SNSに書いたりしましたか？

10. なぜ継続して購入（継続して来店）することにしたのですか？　その時、どんな気持ちでしたか？

11. 定期的に購入（来店）するようになってからも、他のお店や商品に興味を持ったことはありましたか？　その時、そのお店や商品のどんなところに興味を持ち、何を期待していましたか？

12. 今のあなたにとって、○○や○○の商品はどんなところが大事（好き）ですか？　他の商品やお店とはどう違うのですか？

13. どうしてそういうところが大事（好き）だと思うのですか？

14. ○○のことをまわりの友達や家族に紹介するとしたら、どんなふうに伝えますか？

［お客様自身についての質問］

※インタビューシートをお願いするにあたり、お客様の年齢・住まいなどの基本情報は知っていることを前提にしていますが、もし把握していなければ以下も質問してください。

1. ご出身

2. お勤め先

3. お仕事の内容（どんな役職で、どんな仕事をしているか）

4. 同居している家族（家族構成）

5. 1日の過ごし方（特にプライベートで、平日・休日にどんなことをしているか）

6. 趣味（具体的に）

7. 好きな洋服のブランド

8. 仕事以外でよく見るホームページ

9. 好きな雑誌

10. 好きなインスタアカウント

11. 好きなカフェ

12. 好きなお店（雑貨店、飲食店、インテリアショップなど）

③ 「ペルソナシート」の本当の活用法

ブランディングにおいてのペルソナの役割

　前項で行なっていただいたお客様インタビューを元に、これからペルソナシートをつくっていきますが、その前に、ペルソナシートの活用法について、誤解されていることが多いと感じるので説明しておきます。ペルソナという言葉は、だいぶ認知されているので今までにも聞いたことがあるかもしれません。すでにお伝えしたように、ペルソナとは理想のお客様像を意味しますが、ペルソナをつくった後の活用の仕方についてはあまりよく知られていないように思うのです。

　「活用法」という見出しから、テクニックの解説を期待されるかもしれませんが、私がここであらためてお伝えしておきたいことはテクニックやノウハウではありません。ペルソナに向き合う姿勢、気持ちです。これは単に概念的な話ではなく、ブランディングをしていく上で、必要です。

　私は、ペルソナは「売るためにつくる」のではなく「お客様と仲よくなるためにつくる」ものと考えています。
　「売るためにつくる」場合、商品やサービスを「売る」対象としてペルソナを設定するわけです。マーケティングの教科書などでも、対象とするお客様を絞り込むことを「ターゲティング」と呼びますが、

まさにお店・会社側が売りたい相手を狙い撃ちするという目的で行なわれます。あくまで「売り手→買い手」という関係性が前提です。

　一方、「お客様と仲よくなるためにつくる」場合、ブランディングにおいて、ペルソナは単に対象として位置づけるものではなく、**ペルソナにとって自分（自店・自社）がどういう存在になるべきかをじっくり考えるためにつくるもの**なのです。ここには本質的な「姿勢」の違いがあると思います。

　ペルソナを設定するとか、ターゲティングするというと、途端にお客様をコントロールしようとか、口説き落とさないといけないというような気負いが強くなりますが、そんな力んだ状態ではたしてお客様と仲よくなることができるでしょうか？　あるいは「あなたらしさ」は伝わるでしょうか？

　対象となるお客様を明確にしておくこと自体は、ブランディングにおいてももちろん必要なことなのですが、ブランディングの目的は、お客様にあなたのお店・会社のことを少しずつ好きになってもらい、ファンになってもらうことです。それは、単に商品やサービスを売る「売り手→買い手」の一方向的な関係性ではなく、相互コミュニケーションによって成り立つ「同じ村のご近所さん」のような関係を目指すということです。

　ですからもっとシンプルに言えば、肩の力を抜いて「お客様と仲よくなるにはどうしたらいいか」を考えればいいのです。仲よくなるための工夫やアイデアを考える作業は、誰かから教えてもらうノウハウ

お客様との目指す関係

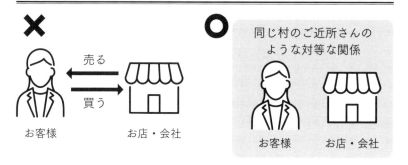

やテクニックではなく、お客様にどうしたら喜んでもらえるかを自分なりに考えるクリエイティブな作業です。そしてその工夫やアイデアそのものが、お客様にとっては「あなたらしさ」として伝わります。

　例えば、あるお土産物店では観光客に、地元の人だから知っているおいしい飲食店などが掲載されている地図を自作し、来店客だけでなく道を聞かれた方にも渡していました。それは、自分のお店に来てくれたお客様だけでなく、この地域に訪れてくれた観光客の方々に喜んでもらい、よりこの地域のよさを知ってもらいたいという気持ちから考えたアイデアでした。

　また、あるカフェでは長い時間過ごすお客様が靴を脱いでいる様子がよく見受けられたため、スリッパを用意したそうですが、これもより快適にくつろいでほしいという気持ちから生まれた工夫でした。

　こういった工夫やアイデアは、少なくともマーケティングの勉強をしていなくてもできるはずです。こういうコミュニケーションによっ

て、お客様とお店との関係性はつくられていきます。そして、お客様にとってそのお店（店主のキャラクター、店舗、商品）が独自の存在になっていくわけです。

　ホームページをつくる時も同じです。**お客様の顔を想像しながら、この人だったら何を喜んでくれるだろう、どんな雰囲気のホームページだったら滞在中に心地よく過ごしてくれるだろうか、そういう姿勢で考えます。**
　ただ、ホームページの場合は、インターネットの向こう側のお客様の顔が見えませんし、これから出会う新しいお客様のことなので、より具体的に繊細に想像することができるように緻密なリサーチをしてペルソナをつくる必要があるのです。

ペルソナはあなたの写し鏡

　ペルソナは、お客様にとってあなたのお店・会社がどういう存在であるべきかを考えるためにつくる、というお話をしました。現代のビジネスが「顧客中心」の時代になっているということも、単に「お客様がほしいものを売る」という意味に留まるものではなく、**あなたのお店・会社がお客様にとってどういう存在なのか**をしっかり考えなければいけない時代になったことを意味しているでしょう。

　特にミレニアル世代（1981 年〜1995 年に生まれた世代）と呼ばれている人たちは、そのお店・会社が社会に対してどういう姿勢なのか、どういう理念や信念を持って経営しているのかを重視してブランドを選

ぶという傾向が指摘されています。つまり、そのお店・会社が、何を大事にしているか、その価値観に自分が賛同できるか（「かっこいい」「素敵」と思えるかどうか）を重要視して買い物をするということです。

　誤解してほしくないのは、自分を消してお客様に媚びなければいけないという意味ではまったくありません。「自分らしさ」を表現することが他店・他社との差別化になるということは繰り返しお伝えしてきました。ただ、この「自分らしさ」というのは、自分が思うまま、独りよがりでいいという意味でもないのです。

　商売には相手がいるわけですから、**「あなたらしさ」というのは相手から見た「あなたらしさ」です。**あくまで相手から見たあなたの印象ですので、「あなたらしさ」とは必ずしもあなたという存在のすべてが表現されたものではありません。ブランディングにおいては、相手から見えているあなたのいくつかの側面だけが「あなたらしさ」として表現できればいいのです。

　逆に言うと、相手次第であなたの「あなたらしさ」の表現も変わる可能性があるので、相手＝ペルソナが決まっていなければ、あなたのどこをフォーカスして「あなたらしさ」を表現すべきか決まらないのです。

　ですから、ペルソナをつくることと、あなたのお店・会社らしさを考えることはセットになっています。だから、本章では「自己分析」と「顧客分析」を並行して実践していくわけです。この２つのアプ

ローチを行ったり来たりしながら、あなたのお店・会社のブランドイメージはつくられていきます。

　プライベートでもたいていの場合、自分が思っている「自分らしさ」とまわりが感じている「あなたらしさ」にはギャップがあるものです。
　自分で自分のことを客観的に見ることに限界があるのはプライベートでもビジネスでも同じです。だからこそ、相手の視点で「自分らしさ」を考えるというアプローチが必要になります。

　ペルソナがしっかり定まっていない時は、あなたのお店・会社らしさも定まっていないと考えていいでしょう。
　私がブランディングのお手伝いをする時や、セミナーなどでお話する際にはペルソナシートをつくるワークをやっていただきますが、**ペルソナシートに書いてあることを見れば、その方の「らしさ」や価値観が感じられる**ものです。逆に、「自分らしさ」が定まっていない方の「ペルソナシート」からはペルソナが本当に存在するというリアリティが感じられません。どうしてそうなるかと言うと、それはペルソナがあなたの写し鏡のようなものだからなのです。

　繰り返しになりますが、ペルソナがしっかり定まっている場合は、「あなたのお店・会社らしさ」もしっかりしたものになり、ご自身でも納得のいくブランドの軸ができてきます。

　ブランディングには、お店・会社が持っている素材（スキル、経験、

想いなどの無形のものも含めて）をペルソナの視点でも見ながら、お店・会社の独自の「強み」の輪郭を明確にして世の中に伝わっていくようにする作業が必要です。

　積み上げ方や方向を間違えるとブランドイメージもあやふやなものになってしまいますし、そもそも間違えているかどうかがご自身で判断しにくい繊細な作業ですが、ペルソナがしっかり定まっているかが間違った方向に進んでいないかのひとつの指針になりますので、じっくり取り組んでみてください。

　ペルソナシートができあがったら、誰かに見せてみるといいでしょう。ご自身でつくったペルソナシートから、実際にどんな人物が想像できるか質問してみてください。リアリティのあるペルソナシートになっている場合は、「こういう人、知り合いにいる」とか「あの人のことを思い出した」という答えが返ってきたりします。

　当然ですがペルソナは、それぞれのお店・会社によってまったく違うものになりますので、正解があるものではありません。ただ、イメージしやすいように参考例として、ペルソナシートのサンプルを掲載しておきます。

ペルソナシート

[ペルソナについて]

名前	
年齢	
住まい	
初回購入（来店）日	
最終購入（来店）日	
購入（来店）頻度	
職業	
同居家族	
平日と休日の過ごし方	
好きな雑誌 （もしくは読んでいた雑誌）	
好きな インスタアカウント	
好きな洋服のブランド	
好きなお店・カフェ	
ライフスタイルの中で 大事にしていること	（好きなものや一日の過ごし方などから価値観を探り、明確にする）
主にどのような媒体で 情報を得ているか	

［商品・サービスとの関係について］

同業のサービス・商品に対する印象 （商品・サービスについてのリテラシーが どのくらいあるのか。また、どういう視線 で眺めているのかを明確にする）	
同業のサービス・商品に対する期待 （商品・サービスについてのリテラシーが どのくらいあるのか。また、どういう視線 で眺めているのかを明確にする）	
自社サービス・商品とは どのような出会いをしたか	
最初の接点で どんな気持ちになったか	
体験（購入）しようと思った きっかけ・決め手	
自社商品・サービスを 体験（購入）しはじめた頃の気持ち	
今、ペルソナにとって自社商品・ サービスはどのような存在になっ ているか	
今、ペルソナは自社商品・サービ スに対してどのような感情を抱い ているか	
他社の商品・サービスへの印象 や自社商品・サービスと比較し た際の印象	

市場の中での「立ち位置」を 考える【競合分析】

あなたの「本当の競合」を知る

　前項までで、あなたのお店・会社の「らしさ」について、また理想のお客様像となるペルソナについて考えてきました。次のステップとして、他店・他社と差別化を明確にするため「競合分析」を実践していただきます。

　ファンになってくれるお客様が共感できるホームページを目指してつくりますが、そのためにはお客様がホームページを見に来てくれた最初の時点で、他店・他社との違い＝独自のブランドイメージをしっかり見せて差別化しなければいけません。

　ホームページを見に来てくれるお客様にとって、あなたのお店・会社の「らしさ」がはっきり伝わるようにするためには、競合となる他店・他社のホームページがお客様にとってどんな印象や体験を提供しているのかも踏まえておく必要があります。

　ところで、**あなたは、あなたのお店・会社の競合他社について、どれくらい把握しているでしょうか？**　地域ビジネスであれば、同じエリア（お客様の行動範囲）にあって、あなたのお店・会社と比べられる他店・他社が競合ですが、地域はほとんど関係なく遠方からもお客様が商品やサービスを購入するために訪れてくれる場合や、インターネット通販を行なっている場合は、地域という枠組みを越えて競合と

なる他店・他社を把握し分析する必要があります。

　そこで、あなたのお店・会社の競合となる他店・他社のホームページを把握・分析する前に、まずは競合となる他店・他社がどこなのか、正確に特定しなければいけません。

　そもそも、競合と考える他店・他社が間違ってしまっていたら、元も子もないからです。けれども、ご自身が競合だと思っている他店・他社が間違っていたり、逆に競合とすべき他店・他社を知らなかったりすることはよくあります。

　「同業他社」と「競合他社」の違いについても注意しておきましょう。単に自分の「同業」という視点だけで見える範囲をリサーチしても、本当の「競合」は見えてきません。本章の①自己分析で考えたあなたのお店・会社らしさと、②顧客分析で考えたペルソナの視点も踏まえて、あなたのお店・会社と比べるべき本当の「競合」をリサーチし分析する必要があります。

同業の中での自店・自社の「立ち位置」を知る

　最初に、あなたのお店・会社が属する業種カテゴリの中での「同業」をピックアップするところからはじめてみましょう。

　わかりやすいように事例で解説してみます。例えば、ハーブティーを専門に販売するお店を経営していたとしましょう。まずは、同じハーブティー販売業界の中でどんなお店があるかをリサーチしていきます。すでに知っている競合店もあれば、調べてみて初めて知ったお

店もあるかもしれません。そのようにして、複数のハーブティー専門店が国内に存在していることを把握します。

　次に、それらのお店のホームページを分析してみます。同じハーブティーという商品を販売していても、ホームページに記載されているメッセージや、掲載されている写真、商品の内容、説明文、ホームページのデザインの雰囲気から対象としているお客様層が、自店とかぶるのかかぶらないのかはある程度わかるはずです。

　また、お客様層以外にも、そのお店の独自の強みや「姿勢」なども分析します。どんなことを大事にしているお店なのか、お客様に対してどんな接客をしているのかもある程度わかるはずです。実店舗があるならどの地域にあるのか、あるいはどんな商業施設に店を構えているのか（例えば、それが駅のファッションビルなのか、郊外のショッピングモールの中なのかどうか等）もチェックします。

　以上のようなことをリサーチ・分析すれば、同業というカテゴリの中で、自店がどういう「立ち位置」にあるのかは明確になってくるはずです。

　例えば、あるハーブティー店はオーソドックスなハーブティーのイメージをそのままに使い、幅広い客層や昔からハーブティーに馴染みのある人にも受け入れられるような立ち位置ですし、他方、別の店舗は駅前のファッションビルの中に、ファッションやスキンケア用品、インテリアショップなどの店舗と並んで実店舗を構え、特別ハーブティーに関心がなかった人でもセルフメディケーションの中のひとつの選択肢としてハーブティーを手に取ることができるような立ち位置で展開していることがホームページからわかりました。

「同業」以外の「競合」を発見する

　同業の中の「立ち位置」は見えてきましたが、ここでもう少し視野を広げて「競合」を探してみましょう。そのためには「同業」というカテゴリを一旦はずしてみる必要があります。

　なぜそんなことが必要になるのでしょうか。よく言われていることですが、現代の消費傾向は、「モノ」消費から「コト」消費に変化しています。これは「モノ＝商品」そのものを手に入れることを求めるのではなく、**商品やサービスから得られる「コト＝体験」を通してライフスタイルを精神的な側面でより豊かなものにすることを消費者が求めている**、そうした変化です。

　先ほどの例で言うなら、ハーブティー自体はあくまでモノなので、消費者はハーブティーそのものをほしいと思っているわけではないということです。ハーブティーという商品を通じて得られる体験、そしてその体験によって得られるライフスタイルの変化（充実）を得たいと思ってハーブティーを購入するのです。

　前項でお伝えした顧客分析を行なえば、お客様があなたのお店・会社の商品に対して、どんな「コト＝体験」を求めているかは必ず見えてきます。

　ハーブティーの例で言うなら、ハーブティーを生活に取り入れることによって得たいライフスタイルの変化というのは、「薬に頼らず自然の力を借りて体質を改善し、心身を整えていきたい」「自分の体を整えて、心地よく過ごす時間を持ちたい」ということなどがあるかと思います。

　では、ここで少し考えてみてもらいたいのですが、**このようなライフスタイルの変化は、ハーブティーでしか得られないものでしょうか？**　そんなことはありません。例えば、漢方、ヨガ、マクロビやビーガンなどの食事法でも得られる（可能性がある）ものではないでしょうか？　少なくとも消費者目線に立つと、これらは十分選択肢に入ってくるものだと思います。ハーブティーという同業の中で探している間は見えてきませんが、**お客様が求めているコト＝体験が何なのかを視野に入れてひとつ高次のレベルで世の中を眺めた時に、新たな競合を発見する**ことができるわけです。

　これが同業の中だけで考える立ち位置と、市場全体を見渡した時に見えてくる自店自社の立ち位置の違いです。同業の中だけで差別化するだけでは十分ではなく、お客様目線から見た競合とあなたのお店・会社との「違い」がはっきりしていなければ、本当の差別化にはならないということです。この視野を手に入れることが、市場分析の目的です。

お客様にとって「何者」なのか？

　ここまでくれば、商品の価格や機能ではお客様から選んでもらえない（選んでもらうのが難しい）ということは、容易に理解できるのではないでしょうか？　お客様が求めているものが体験を通じたライフスタイルの変化（充実）ということなのであれば、あなたのお店・会社の商品やサービスがどういう体験を提供するのかを示すことができな

ければ、同業という枠を越えて存在する競合の中からお客様に選んで
もらうことができないのです。市場というものをそういう視点で捉え
直す必要があるのです。

　そのためには、**あなたのお店・会社のホームページでその体験の一
端を感じてもらうこと、そしてなぜあなたのお店・会社がその体験を
提供する存在なのか、ということを知ってもらわなければなりませ
ん。**

　それは、一言で言うと、市場の中であなたのお店・会社が「何者」
なのかを、お客様に示すことです。だからあなたのお店・会社の人
格・姿勢がどんなもので、お客様との接点となるホームページ（その
他、あらゆるコンタクトポイント）で、あなたのお店・会社らしさがお
客様に感じられるようにする必要があるわけです。

　次章ではいよいよ、あなたのお店・会社らしさを具体的に構築して
いく過程をご説明していきます。

第3章のまとめ

① 自己分析 [らしさ・"強み"を探す]

- 「らしさ」は じっくり 掘り下げるように 探す

- 「悩み」は 価値観が反映された こだわり から生まれる

気づかぬうちに蓄積した
目に見えない隠れた資産
棚卸し しよう!

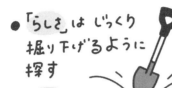

② 顧客分析 [お客様がどんな人かをとことん把握す

ペルソナ は、お客様と仲よくなるためにつくるもの

＝
価値観を理解して 共鳴してくれる理想のお客様像
＝
お店・会社の人格(キャラクター) と似ている人

ひとりの生活者
個人 として想像

not 抽象化した「**集団**」

5~10人への **インタビュー** 有効

お店・会社の がどう 見えているか

ファンになる 過程で どう関係性 が深まったか

つぶさに知る作業!

❸ 競合分析 [市場の中での「立ち位置」を考える]

競合がどこかを
正確に把握しよう！

Point

「同業他社」と
「競合他社」は違う！

例）ハーブティ屋さん

1. ハーブティ販売業界に
どんなお店があるかリサーチ

2. それらのホームページを分析

強みは？
姿勢は？
客層は？

3. 同業カテゴリ内での
自店の立ち位置を把握

4. 同業以外の「競合」を探す

＼ 求めてることはコレだ！ ／

ヨガ → **ライフスタイルの充実** → …

マクロビ　漢方　ハーブティ

5. 市場全体の中での
自店の立ち位置を把握

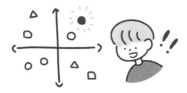

この視点を手に入れることが、
市場分析の最大の目的！

市場の中で自社・自店は
何者か？

125

事例解説！
お客様との関係を築く
ホームページブランディング
のプロセス

第 4 章

あなたのお店の
コンセプトシートをつくる

「自分らしさ」を定義する

　前章で、①「見えない資産」の棚卸しを通じて「あなたらしさ」の分析、②お客様へのインタビューを通じてあなたのお店・会社のペルソナの設定、③ペルソナの視点で競合となる他店他社の分析、という3つのプロセスを実践していただきました。これらはあなたのお店・会社の「らしさ」＝ブランドイメージをつくっていくための準備作業です。準備作業を通じて揃った素材を使って、いよいよ、あなたのお店・会社らしいホームページをつくっていきます。

　あなたのお店・会社らしいホームページをつくっていく、つまりホームページブランディングを実践する上で、最初に知っておいてほしいことがあります。**ホームページブランディングは、単にあなたのお店・会社の「よいところ」を知ってもらうという一方通行的な姿勢ではうまくいきません。**
　第2章でもブランディングというのは「お客様と仲よくなること」というお話をしました。それは**あくまでコミュニケーション**なのです。しかも、まだ出会ったことがない、あなたのお店・会社のことをほとんど知らない人たちとのコミュニケーションです。あなたのお店・会社の「よいところ」を知ってもらう少し手前で、まずは「受け入れてもらえるかどうか（信用してもらえるかどうか）」の壁があるの

です。

　ブランディングのプロセスというのは、たとえて言うなら、**あるひとつの村の中に、あなたが新参者として入っていき、その村の住民と仲よくなっていく、そんなイメージです。**村はマーケット、村の住民はマーケットの中にいる消費者の人たちと考えてみましょう。

　もし、あなたがそのような状況で新参者として入っていく状況だとしたら、最初にどんなことがハードルになるでしょうか？　まずは、あなたが何者なのかを知ってもらう必要がありますが、住民の人たちは必ずしもあなたのことを積極的に知りたいわけではなく、興味がないか、もしかすると疑いの眼差しで見ているかもしれないのです。そんな状況であなたが一方的に自分の「よいところ」をアピールしようとしても、信用してもらえるどころか逆に怪しまれてしまうかもしれません。

　もちろん、だからといって、卑屈な姿勢で入っていけばいいものでもありません。それでは対等の立場で仲よくなることはできません。あくまで、「あなた」という存在に興味を持ってもらい、仲よくしたいと思ってもらうことを目指さないといけません。

　そのためには、**まず村の住民がどんな人なのかを知る必要があります。**その村では、どんな人たちがどんな人間関係の中で生活しているのか、どんなことを大事にする人たちで、その村のルールはどんなものなのか、どんなことが好まれてどんなことが嫌がられるのか、それは村によってさまざまだからです。

　ビジネスで言うなら、あなたのお店・会社がお客様にしたい人たち

がどういう価値観で、どんな日常生活を送っていて、どういう生活スタイルに憧れていて、どういうブランドの商品を選んでいるのか、そのブランド（直接あるいは間接的な競合ブランド）との関係はどんなものなのか（憧れの対象なのか、親近感が湧く存在なのか）、そういうことを知ることがマーケットと、ペルソナとなるお客様を知るための大事な予備知識になります。

　そして、予備知識を得るだけでなく、**そういう状況で暮らしている生活者の目線で見た時に、新参者である自店・自社のブランドがどう映るのか、どんな印象を示せばマーケットの中にいるお客様の「気になる存在」になることができ、仲よくなるきっかけをつくって交流を深めていけるか、**これらを想像し計画した上で、あらかじめその世界観をつくり込む必要があります。それが、本章で実践するホームページブランディングだと思ってください。

　新参者である限り、いわばアウェイな状況であるのは間違いありませんが、よい意味でも悪い意味でも注目されるチャンスでもあるのです。あなたのお店・会社がよい意味でマーケットの中にいるお客様の「気になる存在」になることができれば、その先、仲よくなるのもだいぶ楽になるはずです。

　知らない人しかいないアウェイな場でも、相手から興味を持ってもらっている状態で会話をするのとそうでない状態では、会話の弾み方がまったく違いますが、ビジネスでも同じです。これから初めて出会う新規のお客様と、いち早く仲よくなって関係を深めていくために、最も肝心な最初の印象や姿勢を示すこと、それがホームページの役割です。

特に、新規のお客様との出会いの場であるホームページにおいてブランディングすることは、これからの時代に欠かすことのできない要素になるでしょう。

　ですから、この項でまず、あなたのお店・会社らしさを定義することからスタートしますが、その「らしさ」というのは独りよがりに決めるものではなく、あなたが仲よくなりたいお客様（ペルソナ）から魅力的に映る「あなたらしさ」になっていなければいけないということを忘れないでください。

　このために、「自分らしさ」を定義するというこのプロセスは、ペルソナの視点と、市場の状況（風潮）から、あなたのお店・会社のブランドがどんな印象・姿勢であれば「気になる存在」になれるのか、徹底的に吟味するプロセスでもあるのです。

　前置きが長くなりましたが、あらためて準備した素材を整理しながら、あなたのお店・会社らしさがどんなものなのかを定義することからスタートしましょう。ここから先は、説明だけではわかりにくかったり、イメージしづらいかもしれないので、ケーススタディで解説していきます。ご自身のお店・会社に当てはめながら進めてください。

ケーススタディ①
ひとりの時間をゆっくり過ごしてもらうための静かなカフェ
fuzkue（東京・初台／下北沢）

開業から今までの経緯

●オーナーの回答

　前職でカフェで働いていた時には、さまざまなお客様がいて、たいていはグループでにぎやかに過ごす人たちだったが、その中で時折、ひとりで訪れてお店の片隅で静かに本を読んでいる人がいた。そういう人がお店で過ごす光景を眺めるのが好きで、この人たちが安心して心置きなく「よい時間」を過ごせるお店があったらいいな、そういうお店があったら自分も行きたいなと思えるようなお店をつくりたくて開業した。

　立地は、人通りがにぎやかな繁華街ではない。また人目につく路面店ではなく2階にあり、建物の外からはお店があることが極力わからないような場所を選んだ。

　地域の住人に来てもらうのではなく、遠方からわざわざこのお店で過ごすために訪れてもらうことを目指していたため、開業当初からお店の存在を知ってもらう手段として、インターネット（ホームページ、ブログ、SNS）で積極的に発信していき、お店の存在を知ってもらい

たいと思っていた。

　多くの人に知ってもらい来店してもらうということではなく、この
お店が提供できるものを必要としている人だけに知ってもらい来店し
てもらいたいと思っていたため、極力、自身の言葉で正確にお店のこ
とを伝えたいと思っていた。

　開業から2〜3年の間は、集客も安定しなかったので苦労はしたが、
このお店（が提供しているもの）を求めている人は必ずいて、そういう
人たちに知ってもらえたら必ずお客さんになってくれるはずだと考え
ていた。

　今は、軌道に乗り、2店舗目を来年（2020年4月）出店できるまでに
なった。

あなたのお店・会社の「らしさ」棚卸しワークシート【自己分析】

[仕事について]

1.　仕事をしていてあなたがうれしかった瞬間はどんな時です
　　か？　その理由も教えてください。

● お客さんの見送りをする時に「ありがとうございました」って
　言われることがある。

● お店で過ごしてもらうということは、お客さんの大切な時間を
　預けてもらう行為なんだなと実感する。時間を預けてもらうだ
　けでもすごい立場だし、この人の休日の3時間を過ごしてもら
　うのはすごいことだと思う。

2. テンションが上がる瞬間はどんな時ですか？　どうしてその
　　時テンションが上がるのですか？

● 机に向かって本を読んでいたり編み物をしていたりするお客さ
　んの姿を見ていたり、帰りがけのお客さんの言葉や様子から、
　よい時間を過ごせたんだろうなと感じる時。冥利に尽きるし、
　テンションが上がる。

3. 逆にテンションが下がる時はどんな時ですか？　どうしてテ
　　ンションが下がるのですか？

● 他の人への配慮がないお客さんの様子を見る時。

　このお店で“よい時間”を過ごしたい、ここで過ごす時間を大
　事に思っているお客さんは、自然と他の人の過ごす時間にも配
　慮を示せるので、配慮がないお客さんはきっとご自身もこのお
　店で“よい時間”を過ごしたいと思っておられないのだと思う。

4. お客様に言われた言葉で、特にうれしかったことや、印象に
　　残っているものはなんですか？

●「このお店に行く日のために日々耐え忍んでいる」みたいな
　メッセージを見るとすごい存在だなと思う。

5. あなたの中でよく起こる葛藤はどんなものですか？　その葛
　　藤が起こる時のあなたの気持ちはどんなものですか？

● このお店がお客さんに提供したいことと関係ないことに労力を

かけている時、何か違和感があるし、本当にやりたいことじゃないし、やっていても未来がないと感じる。

● お客さんにひとりの時間をゆっくり過ごしてもらうために「やっぱりこれはないほうがいいんじゃないか」と感じる時。

6.　あなたが仕事をする上で、大事にしていることは何ですか？
　どうしてそのことを大事にしているのですか？

● お客さんに心置きなくゆっくり過ごしてもらうこと。特に、ひとりになる時間が必要な人に、心から安らげる場所・時間を提供したい。

● お店でひとり、読書をしたり何かに向き合っている人の姿を見ると、今の自分で満足するわけでも諦めるでもなく、ちょっとでも新しいことに触れられないかと奮闘している感じに見える。そういう姿が好きで、そういう人を応援したいから。

7.　尊敬している人、理想としている人は誰ですか？　理由は？

● 内沼晋太郎さん
　考え方が常に明るい方向に向かっているところが共感できる（経営されている書店や活動も）内側に向かって閉鎖的になるのではなく、常に外側に向かって遠くにボールを飛ばそうとしている。より多くの人に、本の魅力を常に伝えようとしている姿勢。

8.　もしあなたが後輩（あなたの職業を目指している人）などに、仕事についての大事なことを伝える機会があったら、どんなことをお話しますか？

- 「誰を幸せにしたいのか」を自分の中で明確にすることが一番大事。違う言い方をすると「（お店があることによって）どんな光景が見たいのか」で、それがぼやけていると迷走してしまう。

  そこがしっかりしていると、目先のことで右往左往しなくて済む。お客さんから求められることについても、取捨選択ができるようになるから、ブレない。このお店を求めてくれるお客さんの意見により耳を澄ますことができる。

9. あなたが最初に今の仕事をしようと思った原点やきっかけ、理由を教えてください。

- 学生時代に飲食業のアルバイトをしていて、接客は好きだったし、カフェみたいな場所も好きだった。

- 大学時代、友達が集まった時に、料理をふるまうのも好きだったから、それが原点かもしれない。

10. あなたがお店・会社をつくろうと思った最初のきっかけを具体的に教えてください。

- 以前、別のカフェで働いている時に、時々見かけたひとりで本を読んで静かに過ごしているお客さんを眺めるのが好きだった。こういう人たちのためだけに働くことはできないかな？という考えがあった。

● 大勢でにぎやかに過ごしている人たちよりも、ひとりで過ごしている人に寄り添いたいと思っていた。

● 自分も、今日はここで本を読んでみようかなと、カフェやお酒の飲めるところなどに行って、読書をして過ごすという生活をしていたので、こういう店があったらいいなというお店をはじめた。

11. あなたが今の仕事、お店・会社を続けている理由はなんだと思いますか？

● とにかく絶対お客さんたちを裏切っちゃいけない、お客さんたちのいい時間を守り続ける、つくり続けるという、義務ではないけれど、この店の担う役割の大きさみたいなものを感じるようになっていった。

● その帰結というのか、どんどん本気で本をがっつりゆっくり読みたい人たちのための店になっていって、つまり「本の読める店」として先鋭化していった。

12. あなたがお客様に提供したいものはなんですか？　それを提供することにはどういう意味があると思っていますか？

●“よい時間”を過ごしてもらうこと。

“よい時間“を過ごしている人を見ると、“よい時間”を守られることによって、その人自身も自分を大切にしてもらえている、みたいな感覚にもつながるのではないか、と思っている。

13. 12で書いたことを提供するために、あなたが力を注いでいることはなんですか？　具体的に書いてください。

● 会話や大きな音など、ひとりで静かに過ごしてもらうことを邪魔するもの、おびやかす要素をなくしていくこと。また、"よい時間"を過ごしてもらうために必要なことがないかを常に感じ取れるようにしている。

● 逆に、このお店でひとりで静かに過ごすことを"よい時間"と感じてもらえる人以外は、間違って来店してしまわないようにすることも店側が配慮しないといけないとも考えている。

14. 12で書いたことを提供できたと感じる時はどんな時ですか？

● お店を出るお客さんをお見送りする際に「ありがとうございました」と言われることがあって、そういう時、「ここで貴重な時間を過ごしてもらえた」と感じる。

※このワークシートは、オーナーさんへのインタビューおよびブログからの抜粋によって構成されています。

ワークシートから読み取れること──著者こぼりの分析

　最初に「自己分析シート」のほうから見ていきます。必ずというわけではありませんが、最初に仕事についての質問の6番目にある「あなたが仕事をする上で、大事にしていることは何ですか？　どうして

そのことを大事にしているのですか?」に答えた内容を見直してみるといいかもしれません。

　この内容にはおそらく、あなたの仕事に対する姿勢、お客様に対する姿勢のあり方、そうでなければいけない理由まで書かれている場合がほとんどだからです。その姿勢というのは、過去にさかのぼってあなたがこの仕事をはじめるきっかけや、続けている動機、あなたが「こうでありたい（こうでなければいけない）」という信念など、あなたが商売をする上での核となるものにつながっている可能性が高いです。ご自身で分析する際にも参考にしてみてください。では、ケーススタディとして、分析をしていきます。

●仕事に対する姿勢、お客様に対する姿勢

　オーナーさんには、「ひとりになる時間が必要な人に、心から安らげる場所・時間を提供したい」「ひとりで過ごしているお客様に寄り添いたい」という思いがありますし、また「とにかく絶対にお客さんたちを裏切ってはいけない、お客さんたちの"いい時間"を守り続け、つくり続けること。それが、義務ではないけれど、この店の担う役割みたいなもの」という強い意志が、お客様に対する姿勢にはっきりと現われています（ワークシート6、10、11）。

　仕事に対する姿勢やお客様に対する姿勢がある以上は、どうしてそのような「姿勢」で取り組んでいるのか、その理由があるはずです。
　そこには、オーナーさんの熱い想い（曲げられない信念）があるのです。

● 上記（の姿勢）について、どうしてそうしたいのか？　あるいは、どうしてそうでなければいけないのか？＝信念

　例えば、読書のようなひとりでしかできない行為に向き合っている人の姿はオーナーさんにとって、「ちょっとでも新しいことに触れられないか、ちょっとでも知らない世界のあり様をのぞけないか、今の自分に満足するわけでなく、諦めるでもなく、人生をよりよく生きようとして奮闘している人」で、そういう人を応援したいというのがオーナーさんの強い信念です。（ワークシート6）

　だからこそ、そういう人が何か（本に向き合うことを邪魔するもの、例えば他のお客さんの会話や、長居することに対する遠慮や罪悪感など）におびやかされることなく、心置きなく過ごせるために必要な場所・時間を提供したいという姿勢を貫き通されているのだと感じます。

　次に、過去にさかのぼってお店をはじめたきっかけに注目しました。

　この「はじめたきっかけ」には、今も商売をする上で大事にしていることの「原点」がかならず潜んでいます。

　そして、もっと大事なのは今も「続けている理由」です。

　ここから、今お店を経営することを通じて何を成し遂げたいのか、そういった強い信念が汲み取れるからです。

● お店をはじめるきっかけや、続けている動機

　「以前、別のカフェで働いている時に、時々見かけたひとりで本を読んで静かに過ごしているお客さんを眺めるのが好きだった。こういう人たちのためだけに働くことはできないかな？　という考えがあっ

た」ということなので、前述の姿勢や信念とも一貫しています。

　また、「自分も、今日はここで本を読んでみようかなと、カフェや
お酒の飲めるところなどに行って、読書をして過ごすという生活をし
ていたので、こういう店があったらいいなというお店をはじめた」と
いうところは、お客さんという立場の自分自身の願望とも強くつな
がっているということがわかります（ワークシート10）。

●お店がお客様に提供したいものは何か？

　次に、お客様とのつながりの部分を見ていきます。お店がお客様に
提供しているもの（価値）は何かを探ります。

　「"よい時間"を過ごしてもらうこと。お店を出るお客さんをお見送
りする際に『ありがとうございました』と言われることがあって、そ
ういう時『ここで貴重な時間を過ごしてもらえた』と感じる」。

　この回答から、オーナーさんにとって、お店が提供しているもの
（したいもの）が、通常の飲食店が商品として提供する「メニュー」で
はない、ということが明白です。

　飲食メニューも"よい時間"を過ごしてもらうために重要な要素で
あり、もちろん飲食メニューにもオーナーさんのこだわりが込められ
ていますが、飲食メニューはお客さんに"よい時間"を過ごしてもら
うために用意されている演出のひとつとも考えられるでしょう。

　つまり、このお店がお客様に提供している（したい）ものは、この
お店だからこそ過ごすことができる"よい時間"、ということになる
のです（ワークシート、特に1、2、6、10）。

○ お客様に提供するものについての別の視点や定義（他の言葉で言い換えると？）

「"よい時間"を過ごしている人を見ると、"よい時間"を守られることによって、その人自身も自分を大切にしてもらえている、みたいな感覚にもつながるのではないかと思っている」。

つまり、オーナーさんは、"よい時間"を過ごすというのは、ある意味で「セルフケア」にも似ている、と思われているようです（ワークシート、特に12）。

○ お客様に提供するために、守らないといけないことは？

「会話や大きな音など、ひとりで静かに過ごしてもらうことを邪魔するもの、おびやかす要素をなくしていくこと」。

例えば、大きい音を立てることや会話などを禁止することは、店側が用意するだけでなく、お客さんにも協力を求めないといけないものです。それは、お店側としては「禁止事項」という体裁をとらざるを得ないことではありますが、実際は、お客さん一人ひとりに"よい時間"を過ごしてもらうために、また、お客さん同士がお互いの"よい時間"に敬意を払ってもらうために必要なルールであって、あくまでこのお店が提供したいものを守るためのものです。

そのためオーナーさんは、「このお店でひとりで静かに過ごすことを"よい時間"と感じてもらえる人以外は、間違って来店してしまわないようにすることも店側が配慮しないといけない」とも思っておられます（ワークシート13）。

お客様インタビューから読み取れるブランド体験

　「ブランド体験」とは、あなたのお店・会社とお客様が接する時に、お客様が味わうことができる感情、印象から成り立っています。**それは、直接の来店、提供する商品・サービスなどとの直接的な接触から、ホームページや SNS などの媒体を通じた接触までを含みます。**

　お買い物をする時以外でも、お客様が友達や家族に伝える時、SNS で発信する時や、商品を使用する時や家に置かれている様子を眺める時など、お客様があなたのお店・会社（商品やサービス）を思い出す場面において常に「ブランド体験」は持続しているものです。

　ですから「ブランド体験」はお客様とあなたのお店・会社との関係性の深まりと共に変化していきます。

　ここでは、ペルソナとなるお客様へのインタビューを読み解きながら、あなたのお店・会社との出会いからファンになり現在に至るまでの関係性の変化のプロセスを把握していきます。

　インタビューを読みながら、お客様の目線で「あなたのお店・会社の姿がどう見えているか」を探ってください。お客様が体験として味わっていることの中には、自分では思ってもみないことが含まれているはずです。それがあなたのお店・会社らしいホームページをつくる上で、重要なヒントになります。特に、複数のお客様のインタビューで共通していることには注目しましょう（ここではあくまでケーススタディとしてひとりのインタビューだけを取り上げます）。

お客様インタビューシート

［あなたのお店・会社との出会いについての質問］

1.　fuzkue に出会う前、fuzkue についてどれくらい知っていましたか？　当時、どういう印象でしたか？

●通りがかりに近所にカフェがあるということは知っていたけれど、どういうお店なのかは入るまで何も知らなかった。

2.　fuzkue に出会う前、fuzkue の商品（サービス）についてどれくらい知っていましたか？　当時、どういう印象でしたか？

　　空欄

3.　どうやって fuzkue を知りましたか？

●家族に教えてもらって。

4.　fuzkue の存在（もしくは fuzkue の商品の存在）を知った時、どう思いましたか？　どんな気持ちでしたか？

●こんなところにカフェがあるんだな、なんだか古いビルに入っているお店だな、くらい。近所にあるからそのうち入ってみようかなとは思っていた。

5.　その当時、どういうことを求めていましたか？　どんなもの
　　を探していましたか？　その当時のご自身のこと（状況や、そ
　　の時の気持ちなど）を思い出して教えてください。

● 近所に雰囲気のよいカフェがあるといいなとは思っていた。行
　きつけになるようなお店。コーヒーや食べ物がおいしければな
　およい。以前、朝通っていたカフェには交通の事情で行きづら
　くなってしまったため、代わりになるようなお店は探していた
　と思う。特別意識して探していたわけではないけど、家や会社
　以外で、ひとりで本を読み、ものを書くことに集中できる環境
　はいつも（ずっと昔から）なんとなくは探していた

6.　fuzkue の商品を購入（fuzkue に来店）する前後に、fuzkue 以
　　外で他に「こんなものがほしい」（「こんなお店に行ってみたい」）
　　「少し興味がある」と思った商品（お店）はありますか？　それ
　　は何ですか？

● アール座読書館。読書するための喫茶店ということで、友人か
　ら紹介されたことがあったけど行ったことはない。

7.　初めて fuzkue の商品を購入して商品を手にした時（初めて
　　fuzkue に来店した時）、どんな印象でしたか？　テンションが
　　上ったり、逆にがっかりしたことはありましたか？

● お店に入った時に、雰囲気や置いてある本がとても好みだっ
　た。これはよいお店を見つけたかもしれない、とテンションが
　上がった。料金システムも面白いなと思ったが、午前中はやっ
　ていないしチャージもあるので「コーヒー一杯だけ」という感
　じで毎日気軽に来る場所ではないとは思った。

8.　どうしてそう感じた（思った）のですか？

● 自分の趣味と合う本がずらっと本棚に並んでいて、こんなお店
　があるんだと思った。当時は割と空いていたから、隠れ家っぽ
　さもあった。

9.　fuzkue から継続して購入（継続して来店）するまでの期間、
　fuzkue や fuzkue の商品はあなたの中でどんな存在でしたか？
　誰かに話したり、SNS に書いたりしましたか？

● ツイッターでカレーの写真を上げて紹介した。普段あまりそう
　いうことはしないけど、特別なお店だと感じたからだと思う。
　近所にあり、しかも自分の趣味にものすごく合ったお店なの
　で、「自分のお店感」はあった。

10.　なぜ継続して購入（継続して来店）することにしたのですか？
　その時、どんな気持ちでしたか？

● はっきり覚えてないけれど、いつの間にか毎週末通うようになっ
　ていた。気がついたら、毎週必ず通わないといけない場所になっ
　ていた。本を読んだり、ものを書いたりすることに腰が重い時
　も、本を読むモードに切り替えるという目的で行くこともあった
　と思う。

● あの空間でおいしいご飯とコーヒーが飲めるということが楽し
　みで背中を押してくれるから。休日に仕事をしないといけない
　時も自分へのご褒美だと思って行くこともあったし、仕事で休
　日の自分の時間を犠牲にした日には家に帰る前に少しでも取り
　返したいと思って行った時もあった。お店でご飯を食べコー

ヒーを飲みながら読書をする時間を少しでも持つことで、自分
のペースを取り戻す目的があったと思う。

11.　定期的に購入（来店）するようになってからも、他のお店や
　商品に興味を持ったことはありましたか？　その時そのお店や
　商品の、どんなところに興味を持ち、何を期待していました
　か？

● TSUTAYA SHARE LOUNGE

　眺めがよさそう。非日常な風景なのでここで過ごしてみたらど
んな感じかなと思った。

12.　今のあなたにとって、fuzkue や fuzkue の商品はどんなとこ
　ろが大事（好き）ですか？

● 日常と切り離された空間と時間を持つことができる場所。

13.　どうしてそういうところが大事（好き）だと思うのですか？

● 自分のペースを維持するのが難しいから。ここに来れば、自分
　の時間をつくれるということが保証されている。今は引っ越し
　てしまいなかなか行けなくなっているが、気にはなる。近くに
　行く用事があれば行きたいと思っている。あの環境に代わるも
　のはないから、それはずっとそう思っていると思う。

● いつも同じなところ。いつ行っても同じように迎えてくれるだ
　ろうと思うから。

14. fuzkue のスタッフさんの接客姿勢などで印象に残っていることはありますか？　また人柄から感じられる印象はどんなものですか？

● いつも丁寧で気が利いている。嫌いなものを覚えてくれていて何も言わなくても別のものに変えてくれる。帰る時もわざわざドアまで一言言いに来てくれる。おしゃれなカフェの店員さんというよりも、ご本人や、特にブログなどの文章からも感じられるちょっとお茶目でおっちょこちょいな感じがよい。

15. fuzkue のことをまわりの友達や家族に紹介するとしたら、どんなふうに伝えますか？

● ひとりで本を読む時間を過ごすにはこれ以上ない環境。一度体験してみる価値はあると思う。

インタビューシートから読み取れること
──著者こぼりの分析

◎自店と出会う前

　お店に対して予備知識はほとんどなかったようですが、お客様の中では「本が読めるような行きつけのカフェ（お店）」を探していたようです。また「以前通っていたカフェ」の代わりになるような存在を探していたようで、「行きつけのお店」の条件には「雰囲気」や「飲食」を楽しめることも含まれていると感じられます。

○知った時

　外から眺めた印象は特別なものはなかったようですが、「古いビルに入っている」ことはマイナスの要素ではなく、「入ってみようかな」という興味を持たせることに貢献していたかもしれません。

○初めての接触時（初来店・初購入時）

　「雰囲気や置いてある本がとても好みだった」ということで、お客様にとっては「行きつけのお店」となる基準はクリアしていたことがわかります。しかも、店内（特に本棚）を見て「こんなお店あるんだ」というちょっとした驚き＝インパクトを持ってもらえたようです。また「隠れ家っぽさ」もやはり好みの印象だったということがわかります。全体として、ポジティブに心が大きく動いた印象です。

○継続購入するまでの間（ファンになるまでの間）

　「いつの間にか毎週末通うようになっていた」ということで、特別大きなきっかけは思い当たらなかったようですが、逆に言うと、通いはじめるまでに障害となる要素はなかったということでしょう。

　「自分のお店感」という言葉にも現われているように、お客様にとっては当初から特別な存在になっていたようだということが感じられます。

○ファンになってから

　「毎週必ず通わないといけない場所」や「自分のペースを取り戻す目的」といった言葉から、お客様にとって「替えのきかない存在」になっていることがわかります。

また重要なポイントは、本を読むために行くだけでなく、「本を読むモードに切り替えるという目的」という点です。お客様にとって、読書という行為に対して「腰が重い時」にその気にさせてくれる場所（環境）でもあるということです。つまり、おいしいご飯やコーヒー、それから「日常と切り離された空間と時間」、お店の雰囲気が、時には腰が重く感じられる読書という行為を楽しいものとして演出してくれている、ということが感じられます。

　また、「いつ行っても同じように迎えてくれる」「嫌いなものを覚えてくれている」という言葉や、オーナーさんの人柄への印象として「ご本人や、特にブログなどの文章からも感じられるちょっとお茶目でおっちょこちょいな感じ」がお客様にとってお店の魅力になっていることにも注目しておきたいです。

自分のお店らしさ
＝ブランディングのための要素を見定める

　ここまでの自己分析シートとお客様へのインタビューシートによって、このカフェは下記のように「らしさ」の要素を決めていきました。

● お店の存在意義

　「存在意義」とは、お店・会社が世の中につくられた（つくられる）目的であり、お店・会社の経営を通じて実現したい理想や願いです。「世の中をこんなふうによくしたい」というようなことでもあります。

ひとりで読書などをして静かに過ごす人の"よい時間"を守れる場所を、ひそかに、だけど確実に存在させていきたい。

● お店が約束すること

　お客様に対して約束することでもあり、それがそのまま「世の中に対してブランドが約束すること」にもなります。

　人生をよりよく生きたい、そのために読書を通してひとりで自分に向き合う時間が必要な人にとって、心置きなく"よい時間"を過ごせるための理想的な環境を提供することをお約束します。

● あなたのお店が「こだわる」こと

　前述「お店が約束すること」を実現するために、お店・会社が一丸となってこだわり続けることです。

　お客様の過ごす時間の「質」（体験）に、細部まで気を遣った環境をつくりあげて、それを守っていくお店であり続けること。安心して本が読める場所であること。

● お店の「らしさ」について

　「らしさ」とは、お客様あるいは市場から見た、そのお店の存在感であり、見え方、印象です。

　ひとりで静かに"よい時間"を過ごしたい人のためにつくられた「ワンダーランド」あるいは「テーマパーク」のようなものに似てい

る（お客様にとってもそのような存在に近いでしょう）。

　「落ち着いて本が読める場所」というのはもちろんですが、お客様インタビューにもあった通り、お客様にとってはこのお店の空間とお店で過ごす時間が「ワクワクするもの」であったり、「重い腰を上げてでも行きたくなる楽しい場所」でもあるわけです。

　単に落ち着いて本が読める場所に留まらず、このお店でしか感じられない意外で驚きのある体験を演出されていて、それが「本を読む」という行為も「ワクワクするもの」にしてくれています。そういった意味で「ワンダーランド」です。世の中と隔絶した世界・空間、ではあるのですが、お客様にとって、それはあくまでワクワクする、心ときめくものだというところがポイントです。

　この「ワンダーランド」では、禁止事項（ルール）でさえも、その世界を守るための「流儀」であり、読書をしたくなったりひとりで自分に向き合う時間を過ごすための「演出」になっています。つまり、お店そのものがお客様にとっては、本を読みたくなる舞台装置なのです。

○お店が提供するブランド体験（お客様が体験として味わえること）
　お店・会社は、お客様にどういう「ブランド体験」をしてもらいたいか、戦略的に考えておく必要があります。

　このカフェの場合は、

◎「ちょっと非日常でかなりパーソナル」な体験

　街中にあるにもかかわらず静けさが保たれていて、しかし、そこは緊張するような場所ではなく穏やかでリラックスしていられる、これは非日常的な空間です。けれどもそれは遠い世界のようなものではなく、安心して帰って来られる（迎えてくれる）「実家」のような存在でもあります（「実家」は社会人にとってはある意味「非日常」です）。

　そしてそういう安心できる空間だからこそ自分ひとりの世界に没頭もできるのです。お店という舞台装置の中で本を読む体験は、自分の外部で起こるものではなく内的に体験するものなので、「非日常」で「パーソナル」な体験と言えます。

◎「他の人や世間にどう映るか（何と言われるか）に関係なく、自分にとって有意義な時間を過ごすこと」が心地よいと思える

　オーナーさんの「非生産的なことに時間を使う、そのわざわざ感を肯定したい」という思想が、このお店で時間を過ごすことが守られている＝心地よいという感覚をつくっています。

　それはある意味とても贅沢な体験だと思います。

●市場の中の位置づけ・差別化

　一般的な「おしゃれで静かなカフェ」や「ブックカフェ」とは差別化されるべきです。そもそも、ひとりで安心して本を読める場所であること、そのために会話禁止にしていることで、ほとんどの同業の「カフェ」とは自ずと違うものになっています。

　ですから第3章でもお伝えしたように、「カフェ」という同業のく

くりの中で自店を位置づけることを積極的に避けなければいけません。

　では、同業以外にどんな競合が存在するでしょうか。安心して本を読める静かな場所ですぐに思いつくのが図書館です。実際、静かに思う存分本を読むという目的だけで比較するなら、図書館との違いを見つけるのは難しくなります。ここで重要なのが、第3章でお伝えしたように「お客様があなたのお店・会社の商品に対して、どんなコト＝体験を求めているか」という視点です。

　「本が読める」だけでなく「本を読みたくなる」。

　お客様にとってはそういう存在でした。そのための演出がこのお店にはたくさん用意されています。お店の雰囲気、おいしいご飯、スイーツ、こだわりのコーヒーやお酒などです。また本を集中して読むために最適なBGMやゆったり距離の空いた席間隔やソファ。寒くなったら借りることができるブランケットも用意されています。そして、オーナーさんの「ひとりで自分に向き合いたい人」を応援したいという想い、いつでも安心して迎えてくれる人柄などがそこに加われば、図書館とは圧倒的に違う存在になると言えるでしょう。

　このような「違い」が「体験」としての差別化につながる点です。

◯お店がホームページ等で伝えるべきブランドイメージ（印象）

　これらのことが、初めてホームページを見た人にも「見た目の印象」からも感じ取ってもらえるように、ホームページの印象＝イメージを言葉で定義していきます。

　ホームページ上で表現しなくてはいけない「安心して本が読みたく

なる空間」という印象を表わす言葉を考えてみます。たとえて言うと、自分がよく知っている友達の人柄を、まだ会ったことがない人に伝えることと似ています。

　どの部分を伝えたら、相手に誤解させずに友達のことを正しくイメージしてもらえるか、というのはよく知っていれば誰でも考えることができるはずです。逆に言うと、ここで迷ったり矛盾するような言葉が出てくるのだとしたら、きっとまだ自己分析が足りていない（もしくは客観的にできていない）ということなので、もう一度じっくりワークシートの記入と分析をしてみてください。

　このカフェの場合は、

「繊細であたたかい」
「深みのある」
「美しい」
「うっとり（酔う・おとぎの国・ワンダーランド）」
「隠れ家感」
「実直でまっすぐ（ごちゃごちゃしていない・シンプル・嘘のない）」

という印象が感じられる世界観を表現しておくことが効果的だと考えられます。

　ここで、ご自身でワークシートを分析していく際のポイントをもう少し補足した解説をしておきます。棚卸しワークシートを分析していく際には、客観的に眺めることを意識してください。「客観的に眺め

る」というのは、少し距離を置いて他人のことのように読んでみると言い換えてもいいです。棚卸しワークシートを書いている最中はひたすら質問に答えるように考えていただいたと思いますが、ここでは何かを考えるというよりも、出てきたものの中から気になるものを拾い出す、というような感覚で取り組んでみてもらえればと思います。

　順番としておすすめなのは、棚卸しワークシートの仕事についての質問の6番目にある「あなたが仕事をする上で、大事にしていることは何ですか？　どうしてそのことを大事にしているのですか?」で答えた内容を、最初に見直してみることです。

　この中に、普段は意識せずともやっていること、あるいは、自分は当たり前のことと思っているけど他の人からすると少し変わっていること（違うこと）の原石（もしくは欠片やヒントのようなもの）が出てきていることが多いです。

　なぜなら、この内容にはおそらく、あなたの仕事に対する姿勢、お客様に対する姿勢のあり方、そうでなければいけない理由まで書かれている（かもしれない）からです。その姿勢というのは、過去にさかのぼってあなたがこの仕事をはじめるきっかけや、続けている動機、あなたが「こうでありたい（こうでなければいけない）」という信念など、あなたがご商売をする上での核となるものにつながっているはずです。

　ただし、原石と言ったのは、この質問の答えだけをそのまま取り出してもはっきりと形になっているとは限らないからです。まだ原石の状態だとしたら、もう少し磨かないと、他店他社との明確な違いにまではなっていない可能性が高いです。

ですから、書いたことを自分で客観的に眺めてみて、普段あまり意識していないものの、あらためて考えると「自分の中の核となるものに近いかもしれない」、そう思えるものが見つかったら、それを踏まえた上で、最初から棚卸しワークシートを見直してみてください。そして、その核となるものを磁石のようにして、核となるものにつながる可能性のあるものをピックアップしてみてください。そうすることで徐々に、あなたのお店・会社の独自性が肉づけされて輪郭が見えてきます。

　逆に、もし核となるものが何も見つからなかったり、書かれていることが表面的な場合は、深堀りができていない可能性もありますので、もう一度、最初からじっくり取り組んでみることも必要かもしれません。少し手間はかかりますが、一回でうまく書き出せるとは限らないので、試行錯誤しながら少しずつ自己分析を深めていくつもりで取り組んでみましょう。

　ご自身やスタッフさんと一緒に作業する場合は、それぞれの方がよいところだと思うものをピックアップして書き出してみましょう。付箋に書いて貼っていくというやり方もいいかもしれません。

ケーススタディ②
小さい子どもがいる
お母さんのための鍼灸院
しらき鍼灸治療院（東京・小平市）

開業から今までの経緯

●オーナーの回答

　専門学校に通っていた時から将来は独立して開業したいと思っていた。理由は、自分の判断で患者さんと接したり治療することができるから。治療院に勤めていると、どうしても決まった時間やしがらみの中で、患者さんと思う存分向き合うことができないので、自分自身が本当によいと思えることだけをやるために開業した。

　自分に子どもが産まれて母親になった時に、「子どもを産むといろいろな制約があって母親自身の身体をいたわることができないんだな」ということを実感して、子どもがいるお母さんのための鍼灸院にできたらと思った。治療中は子どもがいても気兼ねなく自分の身体のことに集中してもらうために、保育室もつくった。

　開業当初は、固定の患者さんがつかない時期も続いたが、地域にある主婦の女性が憧れるお店などにパンフレットを置かせてもらったり、「お灸女子会」というイベントをきっかけに来院してくれる患者さんが少しずつ継続してくれるようになって、今は固定の患者さんだ

けで予約が埋まるようになっている。

あなたのお店・会社の「らしさ」棚卸しワークシート【自己分析】

[仕事について]

1.　仕事をしていてあなたがうれしかった瞬間はどんな時ですか？　その理由も教えてください。

● 患者さんのご希望通りの成果が出せた時。
　例えば、お尻が小さくなった、痛みが消えた、などなど。

2.　テンションが上がる瞬間はどんな時ですか？　どうしてその時テンションが上がるのですか？

● 治療が終わってから、「あれ？　痛くない」「シルエットが変わった（細くなった）」などの劇的な成果が現われた時。

3.　逆にテンションが下がる時はどんな時ですか？　どうしてテンションが下がるのですか？

● 治療が終わってもなかなか痛みがひいていない時。せっかくその方の体質に合った治療をし、こちらは「どうだっ!」くらいの気持ちでいるのに効果が出ないと非常に残念な気持ちになります。

● また、治療効果をあまり感じていらっしゃらないのに、お金をいただくことも非常に心苦しいです。どっと疲れます。

4. お客様に言われた言葉で、特にうれしかったことや、印象に
   残っているものはなんですか？

● 「マッサージなんか比にならないくらいすぐ治りますね」と、
  感動してくださった時。勤めていた時は「先生の施術が一番い
  いです。治ったけど、治ったことを伝えたくて来ました」と
  言ってくださった方がいました。

● あと、最近はダイエットで来ている方が増えたので、私自身も
  筋トレや食事療法の勉強をするようになり、「勉強熱心ですね」
  「ストイックですね」と言われると、やはりうれしいです。

5. あなたの中でよく起こる葛藤はどんなものですか？　その葛
   藤が起こる時のあなたの気持ちはどんなものですか？

● ダイエット目的で来ている方に、鍼灸治療を施した上で日常生
  活ではこんなことに気をつけてくださいとお話するのですが、
  全然守ってくれないこと。LINE交換して、体重を送っても
  らったり、「私は今日こんな感じです」とやんわりあなたも
  やってねと伝えるのですが、なかなかやってくれなくて……。
  やったら痩せるのに！　というもどかしい葛藤があります。

● 治療でも、痛みに執着している感じの方がたまにいらっしゃい
  ます。筋肉をやわらかくして、姿勢の指導をしているのに治療
  が終わったそばから痛いところを思い出そうとする感じ。痛み
  は、脳が痛みを感じて発生するものなので「軽くなったこと、
  治ったところ」に意識を集中すると、もっと楽に治るのにと思
  うのですが、なかなか伝わらない。つらい自分、痛みを我慢し
  ている自分の記憶を鮮明に残しすぎている方には葛藤を覚えます。

● 今の状態やまわりの環境ばかりに気を取られていると、自分自身のよくなる可能性に気づくことができないので、まわりに振りまわされないでほしいです。もっとよくなる可能性を知ってほしい、気づいてほしいなと思っています。

6.　あなたが仕事をする上で、大事にしていることは何ですか？どうしてそのことを大事にしているのですか？

● 患者さんを尊重することを大切にしています。みんな一所懸命に生きてきた結果、痛みや病気を発症します。体重が増えるということも「太ってやる！」とわざとそうしたわけではなく、やはりストレスは大きな原因だと感じています。望んでいる自分の姿があるなら全力でサポートします！　と思っています。

● 患者さんとはあくまで対等の立場。自分が偉いわけではないから、上から目線で話すのが苦手です。それぞれの人のやり方があっていい、私のやり方がすべての人に当てはまるとは思わない、相手のことをちゃんと見ないと根本的には変えられないと、どこかで根深く思っているんだと思います。

● 幼い頃、妹と性格が真逆でよくけんかをしたのですが、その時に「私ではない人を、私のやり方で変えることはできないんだ」と思いました。最近も、子どもに何かをやらせようとした時に、ストレスを感じているように見える時は「あ、やりすぎた」と思ってすぐ引くようにしています。もっと楽しく明るくこの子には言ってあげないといけないんだと思うことがあります。

● 自分の体調が悪いと高い治療効果は出せないと思うので自分を大切にすることも大事だと年を追うごとに感じています。

7. 尊敬している人、理想としている人は誰ですか？　理由は？

● ヤムナ・ゼイクさん。御年65歳。ヤムナボールの創始者で姿勢のシャンとしたおばあさん。治療家で、全国にヤムナボールを広めた方です。美しく、探究心があり、おしゃれな感じが好きです。こんなおばあさん治療家になりたいです。

● よく街で出会うおしゃれなおばあさんに憧れます。そうなるために今から準備しないと、と思っています。理由は、今の自分ではまだまだ修行不足ですし人間として薄いので年月が必要だと感じているからかもしれません。人生長いようで短いとよく聞きますが、どうせ終わるなら最後に花をもっていきたいと思っているのかもしれません。目先のモノに飛びついてよい結果が出るとは思えないからというのもあります。

8. もしあなたが後輩（あなたの職業を目指している人）などに、仕事についての大事なことを伝える機会があったら、どんなことをお話しますか？

● 相手にもよりますが、ずっと身体のことに興味を持ち続けることが大切だと伝えたいです。そして、患者さんが何を目的として来ているか感じる能力と誠実に対応できるかというのも教えてあげたいです。やはり人様の身体を診る者は「愛と調和」みたいなものがとても大切な気がしています。「つらい人を治し

てあげたい」が原点で、それをどこまで広げられるかが、技術
向上のキーポイントな気がしています。痛みの原因を聞き、体
の状態から普段の生活を想像して質問していきます。「透視で
きたらいいなぁ」と本気で思ったこともありますが、そう思っ
ている限り見えないんです。「調和が大切なんだ」と感じてい
ます。

9.　あなたが最初に今の仕事をしようと思った原点やきっかけ、
　理由を教えてください。

●母が元気な割に大きい病気をする人だったので、幼い頃から皆
　が元気でいられるにはどうしたらよいか？　と考えていまし
　た。でも、協調性がないので看護師は絶対向いていないと感
　じ、そんな中、姉が進路で悩んでいる時に「鍼灸師」について
　調べていました。姉の影響を受けやすかったので、姉は違う専
　門学校に行ったのですが、ずっと気になっていました。単純に
　最初は「かっこいい！」と思いました。

10.　あなたがお店・会社をつくろうと思った最初のきっかけを具
　体的に教えてください。

●専門学校に行っている時から、いつか自分のお店を持ちたいと
　思っていました。しがらみのないところで、思う存分患者さん
　と向き合いたいと思ったからです。自分の好きなようにやりた
　いという思いがありました。先生に「センスがいい」などと言
　われて、いい気になっていたのかもしれません。実際に開業し
　たきっかけは、義母が「サポートするからやってみたら？」と
　言ってくれたことで、長年の思いが爆発した感じです。

11. あなたが今の仕事、お店・会社を続けている理由はなんだと
　　思いますか？

● 必要としている患者さんがいてくださるというのが非常に大き
　いです。

● 自分で自分の身体のことをわかってもらうというのが一番理想
　だし、卒業できる治療院というのを目指しています。

● 私自身は、そうしたいと思ったからやっているだけ、それに尽
　きるんです。面白いからやってみようと。生活のためというの
　はもちろんですが、楽しいので何としてでも続けていきたいと
　思っています。患者さんにも、できれば楽しみながら、いろい
　ろ発見したり自分自身に興味を持ちながら改善していってほし
　いと思っています。

12. 現在の経営上の課題は何ですか？

● 繰り返し来てくださる患者さんとの継続的な関係づくりと新規
　の患者さんの獲得を考えています。そのために、地域の人に
　ちゃんと知ってもらうことも大事だと考えています。

13. これから先、お店・会社をどうしていきたいですか？

● 今来てくれているお客様のお子さんが大きくなった時にも現役
　でやっていたいと思っています。あなたのお母さんも産後は私
　が診たのよと言えるように、80歳くらいまではやっていたい
　です。

14. 数年後、お客様や地域や社会の中で、お店・会社がどんな存在だと思われていたいですか？

● 町の守り神みたいなおばあちゃんのような存在になりたい、というのが明確なビジョンとしてあります。そこだけ異空間みたいな、つらくなってもあそこに行けば大丈夫と思えるような場所でありたいと思っています。

● あとは面白おかしくできればいいなと思っています。私と同波長の変わっている人がどんどん集まってくると楽しいし、そういう人の輪が広がればおもしろいなぁと。

ワークシートから読み取れること──著者こぼりの分析

●仕事に対する姿勢、お客様に対する姿勢

　「患者さんとはあくまで対等の立場」「上から目線で話すのが苦手。自分はそんなに偉くない」という言葉にあるように、オーナーさんにとって治療は「手を差し伸べる行為」ではなく「しっかり見守る」に近いようです。

　治療家であるご自身が外部から「悪いところやその原因」を強制的に治すのではなく、患者さんが自分の身体の状態やよくなる可能性について自分で気づいてほしいという考えがあります。

　「望んでいる自分の姿があるなら全力でサポートします！　と思っています」という言葉にもあるように、あくまで「よい状態」を目指すのは患者さん自身で、そこに患者さんそれぞれのペースで向かってい

くことをサポートするのが治療家であるご自身の役割だと思っておられるようです（ワークシート6）。

◉上記（の姿勢）について、どうしてそうしたいのか？　あるいは、どうしてそうでなければいけないのか？＝信念

「私ではない人を、私のやり方で変えることはできない」というのが他者との関係性についての根底的な考えのようです。患者さんについても、自分が関わることで一時的に変えることはできるかもしれないけど、長期的によい状態になっていなかったら意味がないという信念があります。「卒業できる治療院でいたい」という言葉にも現われています。

また「今の状態やまわりの環境ばかりに気を取られていると、自分自身のよくなる可能性に気づくことができないので、まわりに振りまわされないでほしい」という思いがあります。自分自身で自分の身体と心と向き合うことができるようになれば、よくなる可能性にどんどん気づけるということを伝えたいと思われています（ワークシート5、6、11）。

◉お店をはじめるきっかけや、続けている動機

「楽しいので続けていたい」「好きなようにやりたい」「変わっていると言われるけどぜんぜんイヤな気がしない」「面白おかしくできればいい」「面白いからやってみよう」という言葉からは、オーナーさんご自身が楽しみながらワクワクするようなことをやっていたいという気持ちが感じられます。

そしてその「楽しみながら」というのは、患者さんに対しても「で

きれば楽しみながら、いろいろ発見したり自分自身に興味を持ちながら改善していってほしいと思っています」という気持ちとも一貫しています。

　また、「今の自分ではまだまだ修行不足ですし人間として薄い」「80歳くらいまでやりたい」「目先のモノに飛びついてもよい結果が出るとは思えない」「最後に花をもっていきたい」という言葉には、ご自身のこと（鍼灸院のこと）も長期的な視点で捉えていて、上記の姿勢や信念とも一貫しています（ワークシート7、11、13）。

●お店がお客様に提供したいものは何か？

　「自分で自分の身体をどうにかできるようになる」「卒業できる鍼灸院」「まだよくなる可能性を知ってほしい、気づいてほしい」。

　短期的な改善ではなく、長期的に、しかも自分で（自力で）自分の身体の変化や状態を気づけるようになることを望んでいます（ワークシート、特に11）。

●お客様に提供するものについての別の視点や定義（他の言葉で言い換えると？）

　オーナーさんが考える「患者さん自身が自分の心身と向き合う作業」は、ストイックに追求していくイメージよりも、まだ知らない世界に出会う「探検」のようなものに近い感覚です。

　自分の中を「探検」することで、まだ知らない自分の可能性を知ることができる、しかも何歳になっても（オーナーさんのお話にはよく「おばあさん」が登場します）。「何歳になっても」というのは歳相応という価値観ではなく、いつまでも子どものような感覚で探検を楽しむ

ように自分の身体と向き合うことができ、そして自分自身を見る力を養うことができる、そういう考え方のようです。オーナーさん自身は患者さんが自分を探検し、やがて戻ってくるのを待っている、そんな存在でありたいと思っているようです。立ち位置や接し方として似ているのは、カウンセラーや地域の住人の相談に乗るお寺の住職さんかなと思いました。

◯あなたがそれをお客様に提供するために、守らないといけないことは?

「患者さんを尊重することを大切にしています。みんな一所懸命に生きてきた結果、痛みや病気を発症します」。

患者さんの状態や、その症状の原因になっていること(習慣など)、自分なりに努力していることについて、上から目線で否定せずにまずは受け入れることを大切にされています。

また、症状をよくするためにやってほしいことも、押しつけるのではなく、あくまで納得してもらうことを大事にされています(ワークシート、特に6)。

お客様インタビューから読み取れるブランド体験

お客様インタビューシート

[あなたのお店・会社との出会いについての質問]

1. しらき鍼灸治療院に出会う前、しらき鍼灸治療院についてどれくらい知っていましたか? 当時、どういう印象でしたか?

● 知りませんでした。一般的な鍼灸院については、マッサージしてくれたり針を刺して身体の不調を癒してくれるところなんだろうなというイメージでした。

2.　しらき鍼灸治療院に出会う前、しらき鍼灸治療院の商品（サービス）についてどれくらい知っていましたか？　当時、どういう印象でしたか？

● 知りませんでした。

3.　どうやってしらき鍼灸治療院を知りましたか？

● 夫が、先生のご主人と友人だったので、紹介してもらいました。

4.　しらき鍼灸治療院の存在（もしくはしらき鍼灸治療院の商品の存在）を知った時、どう思いましたか？　どんな気持ちでしたか？

● いい先生がいるなら、一度見てもらいたいと思いました。予約の日までは、気持ちを保てると思いました。

5.　その当時、どういうことを求めていましたか？　どんなものを探していましたか？　その当時のご自身のこと（状況や、その時の気持ちなど）を思い出して教えてください。

● さまざまな不調があったので、病院の薬以外でも身体を強くしたいということを考えていました。もし病院に行くとしたら、何科に行っていいのかわからないし、いろいろな病院に行くのも大変だし薬が増えるのもいやなので。

6.　しらき鍼灸治療院の商品を購入（しらき鍼灸治療院に来店）する前後に、しらき鍼灸治療院以外で他に「こんなものがほしい」（「こんなお店に行ってみたい」）と思ったことはありますか？それは何ですか？

●ハーブティーやヨガレッスンなども探していました。

7.　初めてしらき鍼灸治療院の商品を購入して商品を手にした時（初めてしらき鍼灸治療院に来店した時）、どんな印象でしたか？テンションが上ったり、逆にがっかりしたことはありましたか？

●明るくて話しやすい先生だなと思いました。

●よく笑って話してくださるので、緊張せずにいろいろなことを相談できたと思います。行く前まではこんなところも痛い！とかこんなにしんどい！　という愚痴を言わせてもらおうと思っていたのですが、終わった頃には自分自身が少し前向きな気持ちになれていた気がします。

8.　どうしてそう感じた（思った）のですか？

●身体がすっきりしたから。

●痛みの原因とか自分の身体のことを知るのが楽しいと思ったから。

●先生が楽しそうに話されていたり、応援してくれる気がしたからでしょうか……。

9.　しらき鍼灸治療院から継続して購入（継続して来店）するまでの期間、しらき鍼灸治療院やしらき鍼灸治療院の商品はあなたの中でどんな存在でしたか？　誰かに話したり、SNSに書いたりしましたか？

●家族や同僚に、自分の体の変化や、学んだことについて話しました。

何かあれば相談できるかなーという存在だったと思います。弱った時にまた倒れ込めるし、背中を押してもらえるように思いました。

10.　なぜ継続して購入（継続して来店）することにしたのですか？　その時、どんな気持ちでしたか？

●身体を整えるために、いろいろな症状を相談できるところがあったほうが安心できるし、気持ちも楽になれると思ったから。少しずつ穏やかな時間が持てるようになっていた気がします。

11.　定期的に購入（来店）するようになってからも、他のお店や商品に興味を持ったことはありましたか？　その時そのお店や商品の、どんなところに興味を持ち、何を期待していましたか？

●通販でお灸を取り寄せたりしました。自宅でも、自分の身体をメンテナンスする時間（自分の時間）を持てそうだと思いました。

12. 今のあなたにとって、しらき鍼灸治療院やしらき鍼灸治療院
　　の商品はどんなところが大事（好き）ですか？

● 安心感があって、楽しいところ。リラックスできる。

● 不調の時の生活方法とか、自分自身の調節方法をいろいろと教
　えてくださるところ。

13. どうしてそういうところが大事（好き）だと思うのですか？

● 少しずつ自分の身体のことがわかってきて、無理せずちょっと
　楽しみながら身体によい生活をするようになれたこと。

● 自分の身体とは一生つき合っていくので、無理をするより楽し
　いほうがいい。

14. しらき鍼灸治療院のことをまわりの友達や家族に紹介すると
　　したら、どんなふうに伝えますか？

● 先生のところに行くと痛みも楽になるけど、実は気持ちも楽に
　なるから一回相談してみたら？

インタビューシートから読み取れること
——著者こぼりの分析

●出会う前

　予備知識はほとんどなく、一般的な鍼灸院に対してと同じく「マッ

サージしてくれたり針を刺して身体の不調を癒してくれるところ」という漠然としたイメージを持っていたようです。

●知った時

旦那さんからの紹介で「いい先生がいるなら、一度見てもらいたい」と思われたようです。「予約の日までは、気持ちを保てると思いました」という言葉からは、何かしらの症状にすでに悩まされていて、気持ち的にもギリギリだったのかもしれません。

また、病院（処方される薬）だけに頼ることをあまりよいことと思ってなく、「身体を強くしたい」という願いはあるもののどうすればいいのかは見つかっていなかったようです（ハーブティーやヨガレッスンなども探していた状態）。

●初めての接触時（初来店・初購入時）

「明るくて話しやすい」「よく笑ってくれる」「楽しそうに話される」という印象があったようです。それにより「緊張せずに相談できた」「応援してくれる気がした」とお客様は感じたようです。

また治療後には、お客様自身も「前向きな気持ち」「痛みの原因とか自分の身体のことを知るのが楽しい」と感じることができたようです。

●継続購入するまでの間（ファンになるまでの間）

最初にイメージしていたような単につらい症状を治してもらうところという関係性ではなかったようです。「弱った時にまた倒れ込める」「背中を押してもらえる」といった言葉からは強い「安心感」を感じ

ます。

○ファンになってから

「不調の時の生活方法とか、自分自身の調節方法をいろいろと教え
てくださるところ」と書かれているように、自分の身体を調整する方
法を相談したり教えてもらえる存在として感じていることがわかりま
す。

それによって、「少しずつ穏やかな時間が持てるようになっていた
気がします」「自宅でも、自分の身体をメンテナンスする時間（自分
の時間）を持てそうだと思いました」といった言葉にあるように、お
客様自身が自分のペースで自分の身体のことを考えたりケアしたりす
るようになっているようです。

また大事なポイントとして「自分の身体とは一生つき合っていくの
で、無理をするより楽しいほうがいい」とおっしゃっているところで
す。オーナーさんが大事に考えていることが、きちんとお客様にも伝
わっていて、共鳴できていることがわかります。

自分のお店らしさ
＝ブランディングのための要素を見定める

ここまでの自己分析シートとお客様へのインタビューシートによっ
て、この鍼灸院は下記のように「らしさ」の要素を決めていきまし
た。

○ お店の存在意義

　膨大な情報と関わって生きている現代人は、ついつい周囲に引きづられてしまうので、この治療院にいる時間を「自分のこと（心身）に目を向ける時間」にしてほしい。そして健康になっていくことを楽しみながらご自身を養うことができる場所にしたい。

○ お店が約束すること

　お客様が自分自身で楽しみながら、自分の身体の悪いところを調整して、よい状態でいられるようにとことん一緒に走り続けることをお約束します。

○ あなたのお店が「こだわる」こと

　本来それぞれの方がそれぞれに持っているペースを大事にすること、そのために外部から何かを押しつけるのではなく、ご自身のペースで自分の身体に向き合えるまで時間をかけても寄り添い続けること。

○ お店の「らしさ」について

　ここまで分析してきたことを読んでいただければ、この鍼灸院さんの「らしさ」について、何かしら感じることができるのではないでしょうか？　きっと、オーナーさんの人柄も想像できるはずです。

　それをあらためて言葉にするなら、

　「ワクワクする」「探検する」「夢中になる」「童心」

　「優しい」「あったかい」「大きな存在」「見守られている」「安心感」

　というものが浮かんできます。

けれども、ケーススタディ①のカフェのように言葉の定義でしっくりくる（「らしさ」を表現できていると感じる）場合と、この段階では言葉の表現だけではしっくりこない場合があり、私にとってはこのケーススタディ②は後者でした。

●イメージで「らしさ」を探っていく方法

「らしさ」を定義する目的は、外部の人（お客様やデザイナーさん）に伝わるようにそれらしく表現することではなく、これからホームページでブランディングするに当たってまずはご自身（オーナーさんやスタッフさん）が自店・自社の「らしさ」の表現にしっくりくるかどうかのほうが重要です。

ここでご自身が「らしさ」にしっくりきていないと、この先にどんな雰囲気・世界観のホームページをつくれば正しく自分たちらしさがアウトプットされるのかを考えることができなくなりますし、最終的にホームページとして形になったものがあなたのお店・会社らしいのかどうか判断できなくなります。

特に、このケーススタディ②の鍼灸院のような、目に見えない（見えにくい）サービスを提供しているご商売の場合、「らしさ」はオーナーさんやスタッフさんの人柄や雰囲気にかなりウェイトが置かれるため、言葉だけで「らしさ」を表現しようとするとしっくりこないように感じたり、他店・他社と何も変わらない表現になってしまうこともあるかもしれません。

そういう時は、言葉にこだわらず、イメージで「らしさ」を探って

いくというのも有効な手段です。

　このケーススタディ②では先に羅列した言葉だけではこの鍼灸院さんの「らしさ」をしっかりと表現し切れていないように思えます。

　こういう時に私が行なうのが、しっくりとはこないないもののキーワードとして出てきている言葉をイメージに変換する作業です。それも、イメージをつくり出すのではなく、既存のイメージの中から近い雰囲気・世界観のものを探すだけですので誰でも行なえる作業です。

　まずはここまでの分析を通じて「らしさ」を現わすと思える言葉（キーワード）を眺めて、そのキーワードから連想できるものを自分の中で検索するように探していきます。このように言うと難しいように感じるかもしれませんが、楽しんでやってみるのがコツです。ひとりではなくスタッフさんやご家族と一緒にやってみると連想はさらに先へ進んでいくことができます。

　このケーススタディ②で、私が実際に行なったプロセスを参考までに下記に書き出してみます。

①「ワクワクする」「探検する」「夢中になる」「童心」といった言葉から、まずは絵本やイラストで参考になる近いイメージを探してみようと考えてみました。これらの言葉が、絵本で扱うテーマだから、という単純な思いつきです。

絵本と言っても、大人っぽいタッチの線画のような方向性ではなく、絵の具やクレヨンなどで描かれている絵を想像していました。「優しい」「あったかい」「大きな存在」「見守られている」「安心感」といった言葉から感じられる、有機性、アナログ感の印象があったからです。

②これらのことを踏まえて、自分の中で近い絵本がないか検索するように探してみます。私の場合は、『リサとガスパール』という絵本や、荒井良二さんが描く絵本を思い出しました。

　自分のイメージを確かめるために、今度はあらためてインターネットで検索してみます。この時に、グーグルなどで検索してみてもいいのですが、おすすめなのは「Pinterest（ピンタレスト）」（無料登録制）という画像検索サービスです。

　おすすめの理由は、例えば「リサとガスパール」と検索すると、『リサとガスパール』に近い印象や世界観の画像をレコメンドしてくれるからです。そうすると自分が検索したイメージだけでなく、自分が知らなかったり忘れていたものが目の前に現われるので、さらに連想を広げることができるからです。

③『リサとガスパール』や荒井良二さんの絵本の画像をあらためて見て、色の感じ・ぬくもり感はかなり近いなと思いましたが、同時に、もう少しどーんと構えた感じもほしいなと思いました。この鍼灸院さんが持っている「大きな存在」「見守られている」という印象は、『リサとガスパール』や荒井良二さんの絵本には感じられなかったからだと思います。

そこでもう少し、連想を進めていきました。

④この時に、いったん他の人（社内のスタッフ）が持っているイメージも聞いてみました。あるスタッフは、幼い頃に見た『トム・ソーヤの冒険』の世界観に近い気がすると言いました。そこでまた『トム・ソーヤの冒険』を検索して見たところ、たしかに私も近い印象は感じましたが、男の子の冒険物語だからか「安心感」の要素が足りないと思いました。

⑤もう一度③に戻り、ピンタレストがレコメンドしてくれる画像をさらに見ていきました。するとまた、「これ近いかも」という画像がいくつか出てきてそれを保存（ピン留め）していきます。新たにピン留めされた画像を眺めてみると、「たくましさ」「自然」「変わった生き物（存在）」のような要素が加わっているように感じました。
　確かに、オーナーさんの人柄を思い出してみると「繊細さ」はあるものの、「たくましさ」の印象のほうがしっくりきますし、ご本人も繰り返し言っていたように「変わった存在感」の要素も含まれたほうがしっくりくるなと思いました。

⑥このように連想を進めていき（多少過程は省略しています）、かなりしっくりくるなと感じたイラストにたどり着きました。街に大きな木が１本あり、その木にはあたたかいまなざしの優しい顔が描かれています。まるで街を見守っている守り神のような印象です。

⑦このイラストにたどり着く過程でさらに絵本とは離れますが、過去に行ったお店（カフェ）の雰囲気を思い出しました。壁一面に温かみを感じる人や動物の絵が描かれた少しメルヘンなカフェです。木のぬくもりも感じられるそのカフェは、そこに身を置くと、不思議と安心感もありました。

　ここまでの過程を真似する必要はありません。そもそも連想自体、人によって全然違ったプロセスになるはずです。ただ、ひとつ知っておいてほしいのは、連想しながらまっすぐにベストなイメージにたどり着くわけではなく、連想からより近いものを探したり、時には消去法で消していったりと、行ったり来たりをしながら探り当てるような作業だということです。
　こういう連想作業は得意不得意や慣れもあるので、最短ルートでたどり着くことができる人もいれば、遠まわりしながら近づいていく人もいます。ほとんどの場合は、後者のほうだと思って根気強く楽しみながら進めてみてください。
　ここまでの分析をしっかりした上で言葉（キーワード）が出てきていれば、根拠のない主観ではなく、「らしさ」のイメージに近づいていくことができるはずですので、焦らず納得いくまでやってみてください。

　ここでしっくりくる「らしさ」がビジュアルのイメージでつかめると、最終的にどんな印象のホームページにするべきかを考える上でかなり助けになります。

●お店が提供するブランド体験（お客様が体験として味わえること）

◎自分の身体に対しての知識や経験値が高まると共に、心身の「調和」がとれるようになり、自分のペースで生活できるようになる充実感

　身体についての知識や、身体とのつき合い方を教えてくれるだけでなく、自分で気づけるように促してくれるため、日常生活に戻っても自分で自分の身体を整えることができますし、その分経験値も上がっていきます。

◎不安な時や、不調な時にいつでも相談に乗ってもらえる安心感

　とはいえ、不調な時、自分のペースを崩してしまった時などは、いつでも相談に乗ってもらえる安心感があります。自分の状態を知り、軌道修正することで、再び心身の「調和」を取り戻すことができるようになります。

●市場の中の位置づけ・差別化

　鍼灸院業界のホームページをざっと見渡すと、大雑把に３つの印象のグループに分けることができそうです。

①専門・啓蒙系：ちょっと難しそう（場合によっては、鍼灸に明るくない人からすると警戒されてしまうかもしれない）

②お悩み解決系：チェックリストなどを多用し、お悩みを診断してくれるような見せ方。似た形式が多く、ビジネスライクな印象を受ける

③癒やし系：穏やか、優しい、ほっこりという印象

　中でも③のホームページからは、この鍼灸院さんが提供したいことや志に近いものを感じるところが多かったですが、ここまでの分析を通して「穏やか、優しい、ほっこりという印象」には収まらない「らしさ」がたくさん出てきていますので、それを表現すれば独自の存在感を発揮することになり、自ずと差別化されるはずです。

◉ **お店がホームページ等で伝えるべきブランドイメージ（印象）**
　この鍼灸院の場合は、

「おおらか」
「朗らか」
「穏やか」
「晴れ晴れとした」
「不思議な」
「有機的でやわらかい」
「さわやかな」
「彩りに溢れた」
「フラットな」

という印象を打ち出すことが効果的だと考えられます。

効果的にデザイナーの力を 借りよう

正しくアウトプットすればデザイナーにも伝わる

第3章で「自己分析」「お客様分析」「市場分析」と3つの分析をしてもらいましたが、このどれもがあなたのお店・会社らしいホームページをつくること＝ホームページブランディングに欠かすことができないものだということが、2つのケーススタディを通じてご理解いたたけたかと思います。

またケーススタディを通して、この3つの分析がどのように活用され、どのようにホームページで表現すべき「らしさ」が見極められていくのか、その一端を垣間見ていただけたかと思います。

お店・会社のホームページは独りよがりなアピールをする場ではありません。確かに、あなたのお店・会社らしさはご自身（お店・会社）が持っているものではあるのですが、ご自身の主観だけでは「らしさ」を正しく表現することは難しいものです。

なぜなら「らしさ」というのは、お客様から見たあなたのお店・会社の「姿」だからです。そしてその**「姿」はどの角度から見ても印象に矛盾がないものであるべきです。**四六時中、自分の「姿」を鏡で見るわけにはいかないわけですから、自分の「姿」というものは自分でもわからなかったり、時に見失うものです。

そして、他人から見た「姿」はよくも悪くも自己像と違うことも多々あります。まして、人が成長するように、時間と共に、お店・会社も成長しますし、世の中（お客様や市場）も常に変わっていきます。そういう流動的な環境の中で、ご自身のお店・会社の「姿」がどういうふうに見えているのか、どう見えたらより魅力が伝わるのかは、商売をしている限り考え続ける必要があるのです。

　ホームページでブランディングをするということは、自分の「姿」を見つめ直す過程でもあります。そして、自分で自分のあるべき「姿」を模索し、正しくアウトプットする作業です。そういう作業を怠ると、お客様の目には留まらなくなるので、残念ながら市場の中では存在していないも同然になってしまいます。

　もうひとつ、ここまでお読みいただいた方ならすでにおわかりいただいているかと思いますが、**ホームページはデザイナーが個人の感性（主観）だけでつくるものでもありません。**

　ケーススタディ②の市場分析で、3つのグループに印象が分かれるとお伝えしましたが、実際に見ていただくと、中にはよく似た印象のホームページがいくつか見られるかと思います。これは本来おかしなことです。

　ここまで皆さんにやっていただいたような分析プロセスを経ていないから、似たような印象のホームページが世の中にたくさん生まれてしまうのだと思います。本来ならそれぞれのお店に必ず「らしさ」があるはずなのに、ホームページをつくる作業とまったく切り離されてしまっているのです。それでは、お客様からは見分けがつかないわけですから、やはり市場の中の存在感は非常に曖昧なままだと言えるでしょう。

もちろんデザイナーさんを責めるべきことではありません。デザイナーさんに発注する際に、きちんとあなたのお店・会社の「らしさ」がどういうものなのか、どのような印象をお客様に持ってもらいたいのかをデザイナーさんとしっかりと共有することは、とても重要なことです。

　どんなに優秀なデザイナーでも、あなたのお店・会社らしさがどんなものなのかわからなければ、当たり前ですがあなたのお店・会社らしいホームページをつくることはできません。ホームページブランディングという視点で考えれば、ホームページの出来は単にデザインのよし悪しではないことは明らかです。あなたのお店・会社らしさが今の時代のお客様にとって魅力に映る形で、きちんとホームページで表現できているかどうかなのです。

　最後に、よくデザイナーさんにうまく発注するにはどうしたらいいか、という質問も受けるのですが、**前章で分析した内容を元に本章のケーススタディで行なったような分析結果のまとめを、デザイナーさんにそのままきっちりとお伝えすれば、あなたのお店・会社らしさを理解してホームページ制作を進めやすくなります**（もちろんデザイナーさんといっても個人差があるので、理解してくれるデザイナーさんを選択するのも重要です）。

　また、ホームページのデザインがあがってきた時に、個人的な主観で評価することもなくなるでしょう。デザイナーでなくても、あなたのお店・会社らしさがきちんと伝わるものになっているかどうかを基準に、あなた自身が判断することができるのです。

第4章のまとめ

ブランディングのプロセス

村の **住民**
＝マーケット内の消費者

新参者

あなたの
お店・会社

村＝マーケット

村人から "気になる存在"
思われる必要

↓ そのために…

自分らしさ & 住民について
よく知ることが大切

↓

お店のコンセプトシートで

ケーススタディ： ひとりでゆっくり過ごしてもらうための
静かなカフェ

自己分析シート

姿勢

↓

ひとりになる時間が
必要なのに、心から
安らげる場所を

その理由 ＝ 信念

ひとりでしかできない行為
をしている人
↑読書など
人生をよりよく生きようと
奮起している人
を、応援したい!

提供したいもの

↓

このお店だからこそ
過ごせる "よい時間"

ある意味での "セルフケア"

そのために守るべきもの

ひとりで静かに過ごすことを
脅かす要素をなくす

会話　　　大きな声

インタビューから導いたブランド体験

出会う前

本が読めるような
行きつけのお店を
探していた

知った時

古いビルが逆に
興味をそそる

初来店

隠れ家っぽい雰囲気が好み
本棚にインパクト

ファンに

読書を楽しく演出
→ 替えのきかない存在
オーナーさんの人柄も魅力

らしさ

ひとりで静かに "よい時間" を
過ごすための

ワンダーランド

差別化

同業以外の競合…ex) 図書館

「本が読める」
だけでなく、
「本が読みたく
なる」で
差別化!!

BGM
飲み物
食べ物
雰囲気
…etc

ブランド体験

ちょっと非日常で
かなりパーソナル
な体験
↓
実家感…

「世間の目を気にせず
自分にとって有意義な
時間を過ごす」が
心地よい、ぜいたくさ

HPで伝えるべきブランドイメージ

らしさを「見た目の印象」から
感じとってもらう
→ イメージを **言葉で定義**

ex 深みのある

うっとり

隠れ家感

187

求人・採用にも
ホームページブランディング
は活用できる

第 5 章

① 「採用」もブランディングの時代
——採用難の時代にホームページブランディングが必須である理由

求職者はホームページを必ずチェックしている

　お店・会社が持っている価値観や社会に対する姿勢に興味を持ってもらう、という意味では「商売」も「求人」もまったく同じことです。特に現代の若い世代（ミレニアル世代・Z世代）の人たちは就職先を選ぶ理由において、その会社の価値観に共感できるかどうか、その会社が社会にどのように貢献しているか、またその会社に入って自分自身がどのように成長できるかどうかを重視する傾向にあります。

　しかし、人手不足が深刻な業界でも、そのお店・会社のホームページの求人情報ページを見ると、給与などの条件ばかりが目立つように掲載されていることがたくさんあります。それでは、求職者に「この会社で働きたい」と思ってもらうことはできません。

　たしかに、給与をはじめとした条件面は、働く上で大事な要素です。給与が高いに越したことはありません。ですが、逆に考えてみてください。あなたのお店・会社に応募してきた人の動機が「他のところよりも給与が高かったから」という理由だったとしたら、その人に働いてほしいと思いますか？　そうは思わないはずです。きっと、**あなたがお店・会社を経営している上で大事に考えていることに共感して、あなたのお店・会社の一員になりたいと思ってくれている人を迎**

え入れたいと思うのではないでしょうか？

　あなたがそう思うように、求職している人も給与などの条件だけで選ぶのではなく、「こんな会社で働けたら自分も充実できるだろうな」と思える職場を探しているということを忘れないでください。そういう気持ちで職場を探している人だとわかっていたら、面と向かって「うちは給与が他社よりも高いですよ」と声をかけないのではないかと思います。

　第2章で「ホームページでは商品・サービスの機能ばかりを強調しても人の心は動かない」とお伝えしました。機能ではなくあなたのお店・会社の「個性」＝「らしさ」をホームページでお伝えしないと、お客様の心は動きません。それとまったく同じことが、求人でも言えます。求人も、商売と同様、機能（求人の場合は「給与」「立地」などの条件面）だけで人が集まる時代ではないのです。

　もうひとつ、この本でお伝えしてきたことで求人にも完全に当てはまることがあります。それは、**ホームページが重要な役割を担っている**ということです。お客様が商品・サービスを購入する前に必ずホームページを見てどんなお店・会社なのかを確認するように、**求職者も必ずあなたのお店・会社のホームページをチェックします。**この時代にホームページを見ることもなく、自分が働く職場を決める人はほぼいないと断定してもいいでしょう。

　求人する際に、安易に給与などの条件面だけをアピールすること

は、商売において自ら価格競争・機能競争に巻き込まれていくのと同じです。他店・他社と給与額で競争して勝つことができれば、一時的に求職者の目を引くことはできるでしょう。ですが、仮に採用できて入ってきてくれたとしても、あなたが大事にしていることに共感して入ってきた人でなければ、お店・会社との"絆"はとても脆いものになります。働きはじめてから想像していたことと違うことが起これば、きっとすぐに辞めてしまうでしょう。私が求人のお手伝いをする際にも、せっかく採用できた人がたった数ヶ月で辞めてしまうという悩みをよく聞きます。

採用コストを抑えるために必要なこと

　人手不足が深刻になり、求人倍率（求職者ひとり当たりの求人件数）が上がると他店・他社との競争になるため、その分、採用にかかる費用が上がっていきます。

　広告費は、集客のためだけでなく、採用活動のためにも必要になるため、最近はどの業界でも採用にかかる費用が経営を圧迫している会社は少なくありません。昔のようにハローワークなどで募集をかければ、やる気のある人が応募してきてくれるという時代ではなくなってしまいました。**求人媒体にお金を払って募集をかけないと人が集まってこないのです。**

　しかも、お金をかければ応募してきてくれるかというと必ずしもそうではありません。競争が激しい業界では、広告費をかけても応募が来ない（他店・他社にとられてしまう）ことも起こっています。

　また先ほどもお伝えしたように、仮に応募が来て採用できたとして

も、すぐに辞めてしまうということもたくさん起こっています。これ
では、採用コストは膨らむばかりです。

　お金をかけても応募を集めることが難しい上に、採用できてもすぐ
に辞めてしまうかもしれないというリスクがあるという状況で、どう
すれば採用にかかるコストを抑えることができるでしょうか？
　**あなたのお店・会社と相性がよい人の応募だけを集め、採用するこ
とができれば採用コストは抑えることができるはずです。**お金をたく
さんかけることができれば、それだけ応募が増える可能性はあります
が、どんなにたくさんの人を集めても、すぐに辞めてしまう状況を変
えなければ、採用コストを抑えることはできないからです。ですか
ら、たくさんの応募を集めることを考える前に、まずは、あなたのお
店・会社と相性のよい人を採用することを目標にする必要があるので
す。

　商売で言えば、ただひたすら新規客を集めるのではなく、あなたの
お店・会社のファンになってくれそうなお客様を集め、ファンに育て
ることを目標にするのと同じです。量（応募数）を集めるにはそれだ
け広い範囲にアプローチすることが必要になりますし、そのためには
大きなメディアを使わなければいけないでしょう。たくさんのお金を
使って広く認知してもらうというのは大企業の戦略であって、私たち
中小企業は、中小企業なりの戦略で戦う必要があるのです。それが小
さなお店・会社がとるべきブランディング戦略だということはこれま
で繰り返しお伝えしてきた通りですし、求人でもまったく同じことが
言えます。

「すぐに辞めない人」を採用するには
どうすればいいのか

　ファンになってくれたお客様が、そう簡単に他店・他社に気持ちが
移らないのと同じように、あなたのお店・会社と相性が合う人は、そ
う簡単に辞めることはありません。あなたのお店・会社を選んだ大き
な理由が、給与などの条件面のように他店・他社でも「替えがきく」
ものであればあるほど、当然辞めるハードルも低くなります。選んだ
理由が「替えがきく」ものであるなら、その人にとってその職場自体
も「替えがきく」（他の会社でもいい）からです。

　逆に、あなたのお店・会社が持っている独特のものに惹かれて入っ
てきたのだとしたら、どうでしょうか。それが他店・他社にはない独
特のものであればあるほど、何か想定していなかったことがあったか
らといってすぐに辞めるという選択をとる可能性は低くなります。そ
もそも入ったばかりの職場をころころ替えたいと思っている人は少な
いはずです。本来であれば、自分が選んで決めた職場で長く働きたい
と思うはずなのです。

　入る前に想像していたことと違うことが起こる可能性というのは、
多かれ少なかれどの職場にもあることです。そういうことが起こった
時に「もう少しここで働いてみよう」と思わせるもの、それは働く人
とその会社との"絆"の深さです。この会社だから経験できること
や、この会社が大切にしていること、目指している方向などを、働く
人が理解して共感しているのであれば、そう簡単に職場を替えるよう
なことはしないでしょう。今まであなたのお店・会社で長く働いてく
れている社員さん・スタッフさんはきっとそういう人ではないでしょ

うか？

　ですが、「応募者の中に相性が合う人がいるとは限らないじゃないか」と思われたかもしれません。たしかに、偶然集まった応募者の中に相性が合う人がいるかどうかはその時の運になってしまいます。ですから、運任せで集まった人の中から相性が合う人を探すのではないのです。

　募集する時点で、あなたのお店・会社と相性が合う人に応募してもらう必要があります。それは、逆に言うと相性が合わない人＝すぐに辞めそうな人からの応募を極力減らすことでもあります。

　それを可能にするのがあなたのお店・会社のホームページです。

　求職者は就職先を選ぶ時には必ずその会社のホームページを見るわけですから、あなたのお店・会社のホームページで、あなたのお店・会社が持っている独特のもの＝あなたのお店・会社「らしさ」や「姿勢」をきちんと伝えることができれば、「いいな」と思う人が応募してきてくれます。「いいな」と思うことができるということは、あなたのお店・会社と相性が合うということです。

　初めて会う人でもこの人とは仲よくなれそうだなと思える場合と、そうではない場合がありますが、それは多くの場合、最初の印象から感じ取っているはずです。最初の印象で、お互いに大事にしていること（もの）が似ている、つまり価値観が近いなと思える人かどうかで相性が決まってきます。それは、お店・会社とお客様、そして働く従業員との関係においても当てはまります。

第１章でも、お客様にとって最初に訪れた時のホームページの印象がとても大事だということはお伝えしました。相性が合う人に応募してもらうためには、求職者とあなたのお店・会社との最初の重要な接点になり得るホームページで、正しくあなたのお店・会社らしさが伝わり、相性が合いそうだなというよい印象を持ってもらうことが重要なポイントになります。そしてお客様と同様に、働く人にとっても、そのお店・会社と相性が合うかどうかは、最初の出会いからその後の関係性にとても大きな影響を与えます。

　もしあなたが求職者の立場だったら、給与が高いとか、場所がよいとか、オフィスが豪華だとかいった表面的な要素だけから、相性が合うかどうかを判断することはできないと思いませんか？　表面的なことだけを見せた場合、下手をすると相性が合わない人のほうが誤解して集まってきてしまうこともあるでしょう。もしも人手不足の状況でそういう人を採用してしまった場合、当然離職率は高まりますし、社内の雰囲気も変わってしまうため、相性が合っている社員さんたちにも悪影響を与えかねません。

求人にもそのまま活用できる、あなたのお店・会社らしさ

　第２章でもお伝えしたように、お客様に対してと同様に、求職者に対してもあなたのお店・会社を他店・他社から差別化するもの、それはあなたのお店・会社が持っている個性、つまり「らしさ」なのです。

前章で行なった、あなたのお店・会社のホームページブランディングのプロセスをもう一度思い出してください。あなたがどうして今のお店・会社を立ち上げ、続けているのか、その原動力となっているものは何なのか。あなたのお店・会社が提供する商品・サービスを通じて、どんな人の役に立ちたいのか、どんな状況を変えたいと思っているのか。これらはそのままあなたのお店・会社の持っている「価値観」であり「社会に対する姿勢」になっているはずです。

　ですから前章で考えた、あなたのお店・会社の「らしさ」は、そのまま採用にも活用できます。むしろ、この採用難の時代に活用しないほうがもったいないのです。

　とはいえ、商売と求人とでは違う部分もあります。それは当たり前ですが、対象者です。商売においてはお客様ですが、求人においては求職者がホームページを見る対象者になるわけですから、**その対象者となる人がどんな人なのかはあらためてリサーチ・分析し、設定する必要があります。**

　第 3 章でご説明した「ペルソナ」を思い出してください。求人においてもこのペルソナについてしっかりと想像できるようにしておく必要があります。つまり、あなたのお店・会社で長く働いていてくれる人がどんな人なのか、あなたはどんな人に働く仲間として入ってきてもらいたいと思っているのか、それを明確にする作業です。本章では求人をする上で、あなたのお店・会社のホームページブランディングをしていくために必要なことをお伝えしていきます。

②「求職者＝ペルソナ」という視点

求職者にはそれぞれの希望理由や不安がある

　第3章でもお伝えしたように、「ペルソナ」を設定するというのは、**ホームページを見る人＝求職者を一人ひとりの個性を持った「個人」としてありありと想像できるようにする**ということです。

　そもそも、ホームページの求人情報を見ていると、求職者のことを「ひとりの個性を持った人」として想定していないのではないかと思うこともあります。求職者のことを「ひとりの個性を持った人」として想像できなければ、「誰にでも」判断できる給与などの数字でしかアピールしようがなくなってしまうのです。これは、消費者のことを「ひとりの生活者」として考えずに、単に売り上げにつながる数字としてしか見ない、そういう姿勢と通じるものです。

　求職者のことを「ひとりの個性を持った人」として想像する、ということはつまり、**あなたのお店・会社と相性が合う人がどんな人かを明確にする**ということです。もちろんすべての求職者のことを想像する必要はありません。あなたのお店・会社のホームページを見に来て興味を持ってくれる求職者がどんな人なのかを想像できるようにしておけばいいのです。

　その人（ペルソナ）が、どんなことを考えて、どんなことを不安に

思って、どんな希望を持って就職先を探しているのかを想像してみましょう。例えば、自分の将来をどんなふうに思い描いているのかは、まだ社会に出て働いた経験がない学生さんと、すでに社会人として働いた経験がある人とではかなり違います。その違いを踏まえずに、新卒の学生さんにも転職先を探している人にも応募してもらおうとすると、メッセージはとても漠然としたものになってしまいます。

　学生さんはまだ自分の能力を実践の場で試したわけではないですから、自分がこれから社会に出て、どんな仕事ができるようになるか、どれくらい成長していけるか未知数のところが多いでしょう。自分に対する期待も膨らむ反面、自分にできるかどうか不安な気持ちも抱えているものです。

　一方、すでに社会人経験のある人の場合は、考えていることはもう少し具体的・現実的です。今働いている職場や、かつて働いていた職場での経験が、ポジティブな意味でもネガティブな意味でも次の就職先選びに影響します。今働いている職場を辞めて転職先を探している人の場合は特に、今の職場を辞める理由が明確に存在しているからです。その辞める理由が、例えば職場の人間関係だった場合は、理解のあるオーナーや先輩がいる会社であったり、職場の雰囲気をよくするための組織づくりを積極的にしている会社に就職したいと思うでしょう。あるいは、そういったネガティブな理由だけでなく、自分のスキルアップのためにもっと成長する機会を与えてくれる会社を探すといったこともももちろんあります。

　お伝えした学生さんと転職先を探している人の違いは、あくまで一般的なレベルの話です。人間関係がよい職場を望むのは業界を問わず

誰にでも当てはまることですが、もう少し踏み込んで考えると、**業界に特有の事情や慣習によって、求職者が考えていることや抱えている不安には微妙な差がある**ものです。ですから、あなたのお店・会社が属している業界全般に共通の事情や、求職者の傾向（気持ちや考えていることなど）をしっかりリサーチして踏まえる必要もあります。

　例えば、私がよくお手伝いしている保育業界では、保育士になるための学校に通っている学生さんは、在学中に実際に保育園に通って保育士としての実習をします。しかもその実習先は必ずしも就職先として希望する保育園とは限らず、あくまで実習先として選ぶことが多いようです。一般の企業に就職する学生さんは、必ずしも実習に通う必要はありません。インターンを活用する学生さんは多いようですが、全員が就職前の企業で就業体験をするとは限らないでしょう（教員や医師などの一部の専門職は除く）。

　ですから、保育業界はそういう意味で少し特殊な事情が存在しています。同級生は全員それぞれがどこかの保育園に実習に行くので、自分が見てきた保育園の様子だけでなく、かなりのたくさんの保育園の情報量を同級生同士で共有しています。よい意味でも悪い意味でも就職する前から保育園で働くということのイメージがある程度できあがっているようです。こういった特殊な事情があるがゆえに、保育士を目指す学生さんの考えや気持ちは、やはり他の業界とは少し異なってくる部分があるわけです。

　保育士不足で悩んでいる保育園はとても多いのですが、これから就職をしようとしている学生さんがどんなことを考えているのか、どんなことを不安に思っているのかを詳細に考えている園長先生や経営者

さんは少ないです。そうなると、他の保育園とはどんな違いをアピールすればいいか、最初にどんなメッセージを伝えれば興味を持ってもらえるのかを戦略的に考えていくことが難しくなってしまいます。例として保育業界のことをお伝えしましたが、**どの業界でも必ず何らかの特殊な事情や慣習がある**ため同じことが当てはまるはずです。

　本書で繰り返してお伝えしてきたように、ホームページは見ている人の顔を直接見ることができないので、ついつい相手のことを想像せずにつくってしまいがちです。そうなると、独りよがりなメッセージになってしまったり、他店・他社と似たような印象しか発信することができず、あなたのお店・会社らしさが消えた、画一化されたホームページになってしまいます。商売でも求人でも、他店・他社と違いがわからないテンプレートのようなホームページでは人の心を動かすことはできません。

　ペルソナについての考え方については、第3章の「お客様が、どんな人かをとことん把握する【顧客分析】」でお伝えしました。「**お客様**」のところを「**求職者**」に変えていただければ、ペルソナについての考え方はそのまま求人にも当てはまりますので、復習も兼ねてお読みいただければと思います。「求職者」を「ひとりの個性を持った人」として見ることができるようになるだけでも、ホームページに掲載するあなたのお店・会社の求人のメッセージはかなり変化するはずです。

お金をかけずに求職者をリサーチする方法

　では実際に、どのようにあなたのお店・会社に入ってほしい理想の
求職者のペルソナをつくっていけばいいか、具体的にお伝えしていき
ます。

　ここでもやはり欠かすことができない最初のプロセスはリサーチで
す。お客様のリサーチであれば誰でもイメージがしやすいと思います
が、求職者のリサーチというのはどうすればいいのかわからないとい
う方が多いのではないでしょうか。これは仕方ないことかもしれませ
ん。お客様のことを客観的に考えることは自然なことですが、自分の
お店・会社で働いてほしい従業員さんのことを客観的に調べたり、深
く分析したことがないオーナーさんが多いはずだからです。ですから
まずは、**あなたのお店・会社で働いてほしい理想の従業員像をあらた
めて客観的に考えてみる**必要があります。

　ステップとしてはこうなります。
　①理想の従業員像＝ペルソナを想定する
　②ペルソナとあなたの会社とを結ぶ“絆”が何なのかを考える
　③あなたのお店・会社らしさと照合し、“絆”を具体化する
　では早速、はじめてみましょう。

① 理想の従業員像＝ペルソナを想定する

　あらためてお聞きしますが、あなたのお店・会社で働いてほしい理
想の従業員さんはどんな人でしょうか？　最終的には言葉で表現でき
るようにしておく必要がありますが、いきなりご自身の言葉で考えよ

うとするとうまくいかないかもしれません。

そんな時におすすめの方法があります。それは、**すでにあなたのお店・会社で働いている（働いたことがある）従業員さんの中から選ぶ**という方法です。今現在働いている、あるいは過去に働いていた人は当たり前ですが実際に存在した人なので、対象として客観的に捉えることができますし、リアルな人物像をつくるためにとても有効です。

もし、今まで従業員を雇ったことがない場合は、想像で構わないので「この人にうちで働いてほしい」「この人がうちで働いてくれたらいいな」という人を周囲の人間関係の中から探してみてください（なるべく直接話をできる間柄の中から選んでください）。

この時点ではあくまでも仮のペルソナで大丈夫です。複数の人が想定されることもあると思います。その場合も今の時点でひとりに絞る必要はありません。ピックアップできたら、どうしてその人たちなのか、理由を考えてみてください。また、あなたから見てその人たちのどういうところをよいと思ったのか、なるべく具体的なシーンなども思い出してみてください。その人たちがあなたのお店・会社で働きはじめた際、どういうきっかけであなたのお店・会社のことを知り、どんな経緯で入ってきたのかなども、当時のことを可能な限り思い出してみましょう。そしてそれらを書き出してみてください。

② ペルソナとあなたの会社とを結ぶ"絆"が何なのかを考える

①の作業では、あなたの視点で「働いてほしい人」を考えてもらいました。次のプロセスでは、今度は**ペルソナの視点に立って考えてもらう作業**をしていきます。

具体的に言うと、「ペルソナとして想定した人が、なぜあなたのお

店・会社を選び、働いてくれているのか」を考えます。これまた自分の頭の中だけで考えようとしても、きっと答えを見つけることは難しいでしょう。ですから、実際にピックアップした従業員さんたちに話を聞いてみることをおすすめします。第3章でお客様にインタビューをしてもらいましたが、同じことを今度は従業員さんに対してやってみてください。

　なるべくリラックスして話してもらうためには、まずはあなた自身もリラックスして話を聞く状況をつくる必要があります。インタビューというのは聞き役であるこちらが緊張していると、相手も緊張してしまうものなのです。日頃から従業員さんと雑談ができる間柄であれば、割と自然に話を聞けるかもしれませんが、あらたまって話を聞くことがあまりないお店や会社もあるでしょう。ましてやオーナーさんや上司の方が相手となると、従業員さんにとっては面談のように感じられるはずですので、本音で何でも話すなんてことはとてもできないでしょう。ですから、初めから重要なことを聞き出そうとはしないでください。もちろん、誘導しないようにも気をつけてください。

　また、**最初にインタビューの意図をしっかり伝えてあげる**ことも重要です。何のために話をするのかわからないと話すべきことを取捨選択しようとするはずですし、間違ったことや適当なことを言うと自分の評価に影響するのではないかと不安に思うかもしれません。でも、「これから従業員を増やすにあたって、あなたのように育ってくれる人を採用したいと思っている。だからあなたの考えていることや意見を聞かせてほしい」と伝えてあげれば、きっとしっかりと話してくれるはずです。

　インタビューをする際には、できれば録音や録画をするようにして

ください。もちろん、録音・録画することはあらかじめ従業員さんに
伝えて許可をもらいましょう。

　もし実際に働いたことがない人を想定している場合は、その人が働
いている会社のことを想定して話を聞いてみてください。

③ あなたのお店・会社らしさと照合し、"絆"を具体化する

　ピックアップした従業員さんに一通りインタビューをしたら、その
内容をあらためて客観的に眺めてみましょう。その際に、録音したイ
ンタビューを文字起こししておくことをおすすめします。インタ
ビューをした内容をすべて覚えていることはできませんし、また後に
なって自分の頭の中で従業員さんの言葉を変換してしまうこともよく
あります。従業員さんが話してくれたことを客観的に眺めるにも文字
になっているというのは重要です。

　「客観的に眺める」というのは意外と難しいものですが、できる限
り、オーナーさんが従業員を評価する視点ではなく、その**従業員さん
に感情移入するようにして、その人が何を考えてどんな気持ちでこの
会社で働いているのかを探る視点で眺めてみましょう。**
　例えば、インタビューの中で仕事をする上での悩みなどが出てきた
時に、そういう苦労をしながらもこの会社で仕事を続けてきた理由
や、何にやりがいを感じて働き続けてくれているのか、どんなことが
救いになっていたのか、何が原動力になっているのかなどを掘り下げ
るような意識でインタビューを読み返してみると、何かヒントが見つ
かるかもしれません。出てきたヒントがもし、**あなたのお店・会社が**

持っている「らしさ」に関係があったら、きっとそれが従業員さんと
あなたのお店・会社との“絆”になっているもののはずです。

　生活雑貨工芸品の製造・販売で人気がある中川政七商店会長の13
代中川政七さんがこのようなことを言っていました。「従業員は社長
に仕えているのではない。会社のビジョンに仕えている」。

　この「会社のビジョン」とは、あなたのお店・会社が何を大事に考
えているか、どんな価値観を持っていて、どこに向かって進んでいこ
うとしているのか、を象徴するものです（実際に中川政七商店は、ビ
ジョンを明確にして浸透させることで応募される人の傾向に変化があった
そうです）。働く人にとってもそのビジョンが他の会社にはない特別
なものであるなら、そのビジョンこそが他店・他社ではなくその会社
を選んで働いている理由になります。そして、それがまさに働く職場
と従業員との“絆”です。そのビジョンが変わってしまったり、言っ
ていることとやっていることに矛盾があったりすると、“絆”はもろ
くなりやがて切れてしまいますが、“絆”がつながっている内は従業
員さんが簡単に辞めることはないはずです（出典1：TakramCast
https://cast.takram.com/podcast/nakagawa　出典2：channel8by おでかけクリ
エイティブナイト at Interior Lifestyle TOKYO）。

　そういう視点で従業員さんのインタビューを読み返してみてくださ
い。もし、複数の従業員さんにインタビューできたなら、おそらく話
してくれたことの中に共通の言葉や内容がでてくる可能性が高いで
す。その共通の言葉・内容にフォーカスしてインタビューを眺めてみ
ると、従業員さんとあなたのお店・会社との“絆”が見つかるはずで

す。そしてそれは必ず第4章で考えてもらったあなたのお店・会社の
「らしさ」につながっているはずです。

　例えば、第4章のケーススタディ①で登場したカフェの場合で考え
てみましょう。
　このお店の「らしさ」はこうでした。

**ひとりで静かに"読書する時間（よい時間）"を過ごしたい人のため
につくられた「ワンダーランド」あるいは「テーマパーク」**

　読書が好きな人のための時間と空間を徹底的につくり上げたオー
ナーさんには、同時に「読書という行為が高尚でハードルの高いもの
ではなく、もっと身近なものであってほしい」という気持ち・願いも
ありました。だから、高尚で閉鎖的な雰囲気ではなく、本を読むのが
楽しい、本が読みたくなる環境として「ワンダーランド」「テーマ
パーク」のように親しみやすくて高揚感のある雰囲気がこのお店の
「らしさ」になっているわけです。

　そういう意味で、このお店・オーナーさんと相性が合うスタッフさ
んは、小難しい顔をして本について語る人ではなく、もっとライトに
本の楽しさを共有できる感覚の持ち主でしょう。そして、単に読書が
好きな人というだけでなく、読書好き（本好き）を増やしたい、もっ
と読書のよさを世の中の人に知ってほしいという願いも共有できる人
のはずです。そして、そういう世の中をつくるためにこのお店で仕事
をすることに喜びややりがいを感じる人でもあるでしょう。

まとめると、このお店でオーナーさんと一緒に働きたいと思うペルソナは、自分自身も読書を通じて、変わることができたという体験を持っているからこそ、そういう体験を積極的につくり守ってくれる場所として、このお店をとても重要な場所だと感じられる人です。

　そして、そのペルソナとお店との"絆"は、店舗にたずさわっていく上で、大げさでなくてもいいから少しずつでもそういった文化を世の中につくっていきたいという気持ちであり、希望です。そういう気持ちや希望を持っている人だから、このお店で一緒に働くやりがいを感じることができるわけです。

働く人にとっての「醍醐味」を紹介しよう

　これまでお伝えしてきたように、お客様目線から感じられるあなたのお店・会社の魅力と、働く人にとっての職場としてのあなたのお店・会社の魅力は違うものです。あなたのお店・会社が持っている職場としての魅力は、お客様が外部からは感じることができないものです。つまり、**あなたのお店・会社で働くことによって味わうことができる楽しさや喜びは、内部に入って働く人だけが体験できる「醍醐味」**と呼ぶべきものなのです。

　ペルソナのリサーチ（従業員さんへのインタビュー）からあなたのお店・会社と従業員さんとの間をつなぐ"絆"がどんなものなのかを考えていただきましたが、今度はそれを**これから働く可能性のある求職**

者、つまり今はまだ外部にいる人に向けた表現に変換する必要があります。内部で働いたことがある人だけが味わうことができる醍醐味を、**まだ外部にいる人にもわかるような表現**で紹介してあげるわけです。

　今働いている従業員さんとあなたのお店・会社との間にはすでに"絆"があり、ゆえに従業員さんたちは働くことの「醍醐味」を身をもって知っている人たちです。その醍醐味が特別なものであればあるほど、まだあなたのお店・会社のことを知らない求職者にとっては未知のものになることを意識する必要があります。

　よくあることなのですが、ついつい醍醐味を内部にいる人の感覚だけで表現してしまうと、押しつけがましい印象や内輪ノリに見えてしまうこともあるので注意が必要です。かと言って、求職者の方におもねったメッセージになってしまうと、あなたのお店・会社にある職場としての醍醐味が薄まってしまい、どこのお店や会社でも言うことができるような丸まった表現になってしまい、かえって興味を持たれなくなってしまうのです。ですから、求職者目線に立ちながら、なおかつ、あなたのお店・会社の職場としての醍醐味を紹介することが求人メッセージをつくる上ではとても重要なポイントになります。

　そういったポイントについては後ほど具体的に解説するとして、まず私がここで何よりも強調しておきたいのは、あなたのお店・会社ならではの働く醍醐味が存在しているということです。なぜそのことを強調するかと言うと、そもそも多くのオーナーさんがご自身のお店・会社にそういった職場としての特別な「醍醐味」があることを把握されていないと感じるからです。

もちろん、求人はみなさんの本業ではないので、日頃からご自身の職場の醍醐味が何なのか深く考える機会がないことは仕方のないことだと思いますが、よい人材を集めることが容易でなくなったこの時代には、やはり職場の醍醐味をご自身でもしっかりと把握しておくことが必須になります。そうしないと、いざ求人をする際になって、他店・他社との違いがまったくわからないアピールになってしまったり、多くの人に興味を持ってほしいがためにオリジナリティのない（特別なところが感じられない）表現しかできなくなってしまうからです。

　ですが、本書を読んでいただいている方は、ご自身のお店・会社の「らしさ」について深く考えてみたばかり（あるいはその途中）だと思います。繰り返しにはなりますが、そのようにご自身のお店・会社の「らしさ」は、職場としての醍醐味に必ずつながっています。この機会だからこそ、あなたのお店・会社にしか表現できない求人メッセージについても取り組んでおくことをおすすめしているわけです。

　職場にはそもそも、「雇用側が給与を払い従業員は対価を受け取る」といった割り切った関係だけがあるのではなく、自分の時間を使って誰か（何か）のために働くということに本来伴うべき「やりがい」や「生きがい」のようなものがあるはずなのです。そしてその「やりがい」はそれぞれの職場によってさまざまに異なるものなのです。逆に言うと本来「やりがい」はどこの職場にもあって当然のものですから、その固有の「やりがい」が具体的にどういうものなのかを伝えないと求職者の心には響きません。その**職場に固有の「やりがい」のこ**

とを私は醍醐味と呼んでいるのです。

　客観的にご理解いただけるように事例を紹介します。先日、ある地方の観光地にあるお土産屋さんの求人情報を見て、働く職場としての醍醐味を表現できていないなと思ったことがありました。このお土産屋さんでは、求人する際に「外国の観光客も多いので英語を話したい人、英語の腕を磨きたい人にはよい職場です」ということをアピールしていました。もちろん、それもここで働くことのひとつのモチベーションにはなるでしょう。ですが、これでは醍醐味ではありません。

　なぜなら、観光客を相手にしたお土産屋さんからどこのお店でも同じことが言えるはずだからです。少し厳しいことを言うと、「英語のトレーニングにもなると言っておけば、誰かしらの興味は惹けるんじゃないか」という不特定の人におもねった表現になっていて、どういう人に働いてほしいか、どういう人であればうちのお店で働く充実感を味わってもらえるかをきちんと考えた表現になっていないのです。これでは応募者が集まらないはずです。

　私はこのお店で働いている従業員さんにお話をお聞きすることができたのですが、ある女性従業員さんは「このお店には小中学生の修学旅行生たちがたくさん来てくれます。大半の子たちにとってはこの土地に訪れること自体が初体験だから、ものすごく思い出に残るだろうし、この初めての旅行の印象がこの先の人生の中でこの土地と深く結びつくものになると思います。外国の方も初めてこの土地に訪れてくれた人が多いです。そんな方たちにとってとても重要な、この土地の思い出づくりの一端を担うことができるため、このお店で働いていてとてもやりがいを感じるのです」と話してくれました。

私はこのお話を聞くまで、このお土産屋さんで接客する従業員さんがそんなふうに考えてやりがいを感じていると思ってもみませんでしたが、言われてみると「なるほど！」と膝を打つ思いでした。これはまさに実際に働いている人だけが感じることができる醍醐味としか言いようのないものです。そして、この醍醐味を知ったら「ここで働いてみたいな」と思う人がいそうだなと想像できるのではないでしょうか。

　ここでもうひとつ、気づいてほしいことがあります。この女性従業員さんのお話をもう一度読んでみてください。この女性従業員さんは、お土産屋さんでどんな仕事をしている人だと思いますか？　この方は販売員です。業務的に言うと販売、あるいは接客の仕事をしているわけですが、彼女のお話の中では「販売」という言葉が一度も出てきていないので、もしかしたらこの従業員さんのお仕事を販売員だと思わなかった人もいるのではないでしょうか。そして現に、この従業員さんはご自身の仕事を単なる販売員だと思っていないのかもしれません。もし自分の役割を「ただ商品を販売する仕事」とか「お客さんを接客する仕事」というふうにしか自覚していなかったら、少なくとも働くモチベーションややりがいについて、このような表現をすることはないでしょう。

　私が思うに、この女性従業員さんの自分の仕事に対するご自身のイメージは、おそらく「ウェディングプランナー」や「ディズニーランドのキャスト」（ディズニーランドで働く従業員のことを「キャスト」と呼びます）のようなものに近いものなのではないかと思います。つま

り、単に商品を売るだけの「販売員」ではなく、お客様と接して楽しくお土産選びをしてもらうことを通して、そのお客様の思い出づくりをサポートする仕事、という意識で仕事をしているはずです。だからこそ、このようなやりがいを感じることができるわけです。

　ですが、一般的に「販売員」「接客業」という仕事のイメージといえばどうでしょうか？　おそらくそのお店で販売している商品の説明やおすすめなどをして購入してもらう人、あるいはもっとシンプルにお客さんの注文を聞く人という程度のイメージをもっているのではないでしょうか？　この既成のイメージを覆すことができずに「販売員の募集」というイメージが先行してしまうなら、このお店独自の働く醍醐味が求職者に伝わることはありません。「販売員」という仕事をしていて、まさかこの女性従業員さんが感じているような充実感を得ることができる職場だということは、求職している人には想像もできないことだからです。社会に出て働いた経験がない学生さんにとってはなおさら実感がわかないことでしょう。

　これが醍醐味を紹介する時のとても重要で注意すべきポイントです。こちら（お店・会社）目線で言えばあくまで「販売員の募集」になるのですが、**求職者目線に立つならば**この「販売員」「接客業」というカテゴリ（のイメージ）では、あなたのお店・会社の働く職場としての醍醐味が十分に伝わらないかもしれません。

　では、どうすればいいでしょうか。私はいつも「まずは、あなた（のお店・会社）目線で言いたいことはいったん忘れてください」とお

伝えしています。お土産屋さんの例で言うなら、「販売員として働いてくれる人がほしい」や「接客が好きな人（得意な人）に働いてほしい」という、当たり前のことをいったん忘れてほしいのです。それらはすべてこちら側（お店・会社）の視点に立った気持ちです。当たり前のことを言っていると思われるかもしれませんが、実際にこのことを意識することは実はとても難しいことです。**自分が今こちら側の視点に立ってしまっているということを意識しないことには、本当に相手の目線に立つことはできないのです。**

働く人にとっての醍醐味が「その土地に訪れる人たちの大切な思い出づくりに関われること」であり、そこに充実感を感じることができるということなら、その仕事はもはやただのお土産屋さんの販売員ではなく、例えば「ウェディングプランナー」や「ディズニーランドのキャスト」に似たものなのかもしれません。**この似たものという感覚が、求職者側の視点に立つ上で実はとても役に立ちます。**もし、お土産屋さんの販売員という仕事が「ディズニーランドのキャスト」に似ているのかもしれないと思うことができたら、きっとオーナーさん自身の視点もガラッと変わるはずです。それが向こう側の視点に立って醍醐味を表現するためのヒントになります。

そこまできてようやく、単に「販売員の仕事をする人」ではなく、お話してくれた女性従業員さんのような人＝ペルソナ（入ってほしい理想の求職者）目線に立って、あなたのお店・会社の醍醐味を客観的に見つめ直し、どんな紹介の仕方をすれば興味を持ってもらえるかを考えることができるようになります。そのお土産屋さんで働く人に

とって販売員という仕事が、「ウェディングプランナー」や「ディズニーランドのキャスト」に似たものに感じられているのだとしたら、これから働く可能性のある人にとっても、そのように見えたほうが働く醍醐味が伝わりやすく、興味を持ってもらえるかもしれないのです。

　この項で、あなたのお店・会社で求人したい理想の従業員像＝ペルソナをリサーチ・設定してもらいました。ペルソナをしっかり把握し、そのペルソナに響く職場としてのあなたのお店・会社のらしさが何なのかをしっかり分析した上で醍醐味を考えていけば、必ずあなたのお店・会社のらしさに結びついた醍醐味が導き出されてくるはずです。そしてその「醍醐味」こそが、あなたのお店・会社を、働く職場として他店・他社から差別化してくれます。

採用サイトで
職場の魅力を伝える

「ここで働く充実感」を理解してもらう

　お店・会社側のアピール次第で、メッセージに反応してくれる人＝求人に応募してくれる人の傾向を変えることは可能です。その一例でもあるのですが、以前、老舗の造園会社さんのホームページをつくりました。ホームページをつくったことで若い人から立て続けに求人応募があり、しかも過去に一度もなかった女性の学生さんからも応募があり、かなり驚かれました。

　このホームページはコーポレートサイトだったので、女性の学生さんからの応募があったのはあくまで副次効果でしたが、世代交代がなかなか難しい業界にあって、若い世代のスタッフさんの表情や人柄が見えるような内容にしていたことと、伝統的な技術が継承されている老舗ならではの姿勢が、女性の学生さんにとって魅力に映ってくれたのではないかと思います。

　この事例のように、その会社の「らしさ」を正しくホームページで表現することによって、魅力を感じて働きたいと思ってもらうことはできるのですが、前項でご説明した働く人にとっての醍醐味をきちんと表現するためには、コーポレートサイトではやはり限界があります。働く人にとっての醍醐味は、お客様にとっては直接関係ないことですので、お店・会社のホームページのメインコンテンツとして、働

く従業員の醍醐味を紹介することはできないからです。

　ですから、あなたのお店・会社が持っている働く人にとっての醍醐味を存分に感じて取ってもらうために、求職者専用のホームページ＝採用サイトを別につくりましょう。働く人にとっての醍醐味は、求職者に向けてはっきりと打ち出さないとなかなか伝わりにくいものです。

　前項のお土産屋さんの事例でもお伝えしましたが、**職場で働くということは、実はその従業員さんの人生にとってもかけがえのない時間を過ごしていることです。**その職場と従業員さんが織りなす醍醐味というものは時にドラマチックだったり、ストーリーに富んだものとなるものです。

　そういった意味では、採用サイトというのは、多くの求職者が反応するように狙ってやろうとか、ライバル社より目立ってやろうといった気持ちでつくるものではありません。職場の醍醐味というのはそのお店・会社が培ってきた歴史や文化そのものであり、そこに新たな人を迎え入れようという意図でつくられるわけですから、採用サイトは**簡単に反応を狙おうといったことではなく、どうやったら醍醐味が伝わるか、ここで働く充実感を理解してもらえるかということにフォーカスしてつくるべきものなのです。**

　一方的に「売る」ことだけを考えてホームページをつくる姿勢というのは、必ず見る人にも伝わります。特に、若い世代の人たちは、そういう企業の自己中心的なスタンスにとても敏感に反応します。すぐに反応してもらおうという安易な魂胆ではなく、例えば一本の映画を

見るような感覚でジワジワと、でもまるで自分が主人公になった気分で「ここで働いたら自分の人生はどうなっていくんだろう」とワクワクしながら見てもらうようにつくる必要があります。

　ですが、だからといって、あなたのお店・会社の魅力をすべて伝えようとする必要はありません。**採用サイトの役割はあくまで、働く職場としてのあなたのお店・会社の魅力に少しだけ興味を持ってもらえればそれで十分です。**最後まで見てもらった後に、「この会社、なんかいいかも」と思ってもらえればそれで成功だと思ってください。採用サイトはあくまであなたのお店・会社の入り口に入ってもらう門構えのようなものです。入る前に「ここはなんだか魅力的だな、もう少し入って見てみたいな」と思ってもらう役割だということも合わせて認識していただければと思います。

若手の先生がすくすく育つ保育園の求人事例

　ここで、私がお手伝いした採用サイトの事例を紹介します。私の会社は今、保育業界の採用のお手伝いを中心に行なっています。ニュースでもよく見かけるかと思いますが、保育業界の人手不足はかなり深刻な状態です。保育士さんが辞めてしまったことで閉園するというショッキングなニュースも時々見かけます。そんな中で、ある保育園さんでは人材紹介サービス経由ではなく、自園の採用サイトから多くの保育士さん・学生さんに直接応募してもらうことができました。人材紹介サービスやポータルサイトに頼らずに、自社の採用サイト（採用活動）から直接応募をしてもらうことをダイレクト・リクルーティングと言いますが、最近では、莫大な採用コストを抑えるためにもダ

イレクト・リクルーティングにシフトする企業も多く見られるように
なっています。保育士さんは女性が多い職種でもあるので、女性に好
まれる採用サイトづくりの実例としても参考にしてもらえればと思い
ます。

　こちらの保育園の採用サイトは 2019 年 5
月にオープンしましたが、それまで自園の
ホームページから保育士さんの応募を集め
るのが難しかった状態から、半年余りで
40 名以上の保育士さんの応募がありまし
た（栄養士・調理師さん、看護師さんを含め
ると 80 人以上の応募が来ています）。その中
には新卒の学生さんからの応募も多く含ま
れています。

　この採用サイトも、もちろん本章でご説明した手順に沿って制作し
ています。
　①理想の従業員像＝ペルソナを想定する
　②ペルソナとあなたの会社とを結ぶ“絆”が何なのかをリサーチす
　　る
　③あなたのお店・会社らしさと照合し、“絆”を具体化する
　前述したこの順番に沿って考えていき、その分析結果から、この保
育園で働く保育士さんが感じている働く職場としての醍醐味が何なの
かを導き出していきました。復習も兼ねてお伝えしていきますので、
保育園の事例としてではなく一企業の採用サイト制作の事例としてお

読みください。

　まず、理想の従業員像＝ペルソナがどういう人なのか、経営者さんや園長先生からお話をお聞きしながら一緒に考えていきました。ペルソナに近い保育士さんたちがどういう人柄なのか、こちらの保育園に就職された経緯や経歴などをお聞きしました。ある程度の人物像はそこで把握できましたが、それだけではペルソナをしっかりと把握することはできませんので、次のプロセスとして実際に働いている保育士さんたちに、インタビューをさせていただきました。こちらの保育園では、若い世代の保育士さんを積極的に採用して育てていきたいという方針があったので、まだ就職して1〜2年の若い保育士さんたちもインタビュー対象として選びましたが、加えて経験を積んだベテランの保育士さんにもインタビューをしました。なぜなら、この保育園で働いていて感じることができる「やりがい」や「充実感」を深く味わっているのはベテランの方のはずだからです。

　インタビューをする従業員さんを選ぶ時のポイントですが、**これから求人したい人が若い世代の人であっても、必ず経験を積んだ従業員さんもバランスよく含めるようにしてください。**あなたのお店・会社の醍醐味を熟知しているのは経験のある従業員さんの中にもいます。今は中堅などのポジションになっていても、かつて就職した時期は当たり前ですが新人であり、新人から成長した理想の姿が今現在のその従業員さんになっているはずです。逆に言うと、あなたのお店・会社の理想の従業員となったその人の、これまでの成長の経緯をさかのぼっていけば、どういう人ならあなたのお店・会社にうまく順応して

成長してくれるのかを具体的に想定することができるわけです。もちろん、あなたのお店・会社が求人したい人が若い世代であれば、新人の従業員さんもインタビューの対象者に必ず含めてください。若い世代の人がどんなことを気にして、どんな価値観で就職先を選定しているのかは、時代によってさまざまに変化しているのでそういうことをリアルに踏まえておくことも大切です。若い世代の従業員さんを選ぶ場合は、まだ経験は浅いながらも、こういう人だったらきっとこれからも頑張って成長してくれるだろうと思える人を選んでください。

　この保育園の場合は、新人とベテラン含め 10 名ほどの保育士さんにインタビューをさせていただきました。すると、ペルソナとなる保育士さんの人物像として当初想像していなかった人物像が出てきました。この保育園には、かなり明確な育成方針があり、一言で言うなら「保育士を【従業員】ではなく【専門職】として尊重しており、保育士として頑張っていきたい人を、一人前になれるように全力で育てる仕組み」がきちんと考えられていました。

　それゆえに、新人の保育士さんもこのことをかなり意識していて、インタビューでお聞きしたら育成の仕組みについても理論的にお話になるのだろうなと何となく想像していました。ところが、実際にインタビューをしてみると、入る前も入った後もそういった育成の仕組みについての認識はあまりなく、お話に出てくるのは日常の保育の中で自分が感じること、保育に慣れない頃の自分の気持ちや、今ようやく子どもたちとの関係もうまくつくれるようになってきたことの喜びや、これからは幼児クラスの担任もしてみたいなどといったご自身の目標の話がたくさん出てきて、保育士さんとしてすくすくと成長して

いる人のように感じたのです。まだまだ大変なこともあるけど、自分がなりたいと思った保育士という職業に対して素直に向かっているような印象を受けました。

　このように、実際にインタビューをすると、お話を聞く前には想定していなかった印象を受けることはよくあります。これはむしろよいことで、ペルソナについての認識がより深まったと考えてください。日頃、一緒に働いている従業員さんの違った一面を垣間見ることができたなら、きっとそのインタビューは成功です。
　この保育園のケースでは、インタビュー前後の印象のギャップによって、この保育園の「らしさ」と、ペルソナが職場に望むことに明確な筋が通りました。当初、私たちが意外だと感じたペルソナの若手保育士さんたちの印象は、この保育園さんの「らしさ」から考えてみると、むしろ自然なこと（理にかなっていること）だと後から気づいたのです。
　先ほどもお伝えしたように、この保育園は明確な育成方針を持っていてそれが現場にも浸透していたために、「若手保育士たちをベテランの先生たちがバックアップする」ことが実践されていました。そういう仕組みが整っている環境で働く若手の先生たちは、きっと余計なことは考えずに自分の目の前の保育という仕事に没頭できるはずです。だから、私が感じた「すくすくと成長している」印象というのは、むしろこの**保育園の若手保育士ならでは**だったと言うことができるでしょう。

業界の既成概念・印象を把握しておく

　さまざまな職場の従業員さんのお話をお聞きしていると、その職場の環境だからこそ、こういう従業員さんがいらっしゃるのだなと、毎回思います。外部から客観的に見ると、それがお店・会社と従業員さんの“絆”なのです。

　事例の保育園の場合、先ほどもお伝えしたように「保育士を【従業員】ではなく【専門職】として尊重しており、保育士として頑張っていきたい人を、一人前になれるように全力で育てる」という育成方針が明確にあったのですが、もう少し根本的なことを探っていくと、それは経営者さん側（園長先生を含む）の「保育士という職業に対するリスペクト」であり「保育士を目指す人に対するリスペクト」というようなものが根底にありました。だから、**保育士さんを目指す人にとっての働く職場としての醍醐味は、「安心して頑張れば頑張った分まっすぐに成長できる職場」**というものになります。そして、その醍醐味を採用サイトで求職者（特にこれから保育士として働く学生さん）に伝えるためには「自分もこんな魅力的で充実した保育士生活を送れるかな?」とまっすぐに希望を感じてもらう必要があるので、採用サイトでは実際に働いている先生たちが輝いている姿を写真でたくさん見てもらえるようにつくりました。特に若い世代の人たちは、自分の将来がまだはっきりと見えていないことに不安と期待を抱いている時期なので、夢や高い志を持てるように勇気づけてあげられるようにメッセージやデザインを考えました。

　保育業界では主役は子どもであって保育士さんというのは黒子のよ

うな存在とされているところがあります。だからこそ逆に、この保育園の採用サイトでは働く保育士さんの方にしっかりと光を当てています。それは根底で、この保育園の「保育士を専門職としてリスペクト」するという理念＝「らしさ」につながっているからです。

　このように、ご自身の業界に対する既成の概念・印象がどういうものなのか、それによって求職者がどんな気持ち・感情を抱いているかを、あらためて把握しておくことはとても大事です。もし、あなたのお店・会社の働く職場の醍醐味がそういう既成の概念・印象には収まらないものなのだとしたら、その醍醐味を採用サイトできちんと伝えることによって、あなたのお店・会社の存在が際立つ可能性が高いと考えてください。それによって、他店他社とは正しく差別化することができます。

採用サイトをつくる時のポイント

　本章でお伝えしてきたことをあらためて整理しながら、採用サイトをつくる際のポイントをあげてみます。

①「あなたのお店・会社らしさ」を考える
　これは第4章まででお伝えし実践していただいたことなので、本書を読んでいただいるあなたは省略できるプロセスですが、採用サイトをつくるに当たってもう一度確認してみてください。

② ペルソナについて考える

　あなたのお店・会社で働いてほしい理想的な従業員さんが、採用サイトをつくる上でのペルソナです。想像でペルソナをつくるのではなく、すでに働かれている従業員さんから選んだ方にインタビューをしながら、「こういう人にうちで働いてほしい」と思える人物像をつくっていきます。

③ ペルソナとあなたのお店・会社をつないでいる"絆"を具体化する

　ペルソナとは、あなたのお店・会社が何を大事に考えているか、どんな価値観を持っていて、どこに向かって進んでいこうとしているのか、に賛同したり惹かれて「ここで働きたい」と思ってくれる人です。ですから、第4章までで考え抜いたあなたのお店・会社らしさに必ずつながっています。ペルソナが持っている価値観と、あなたのお店・会社らしさがどのようにつながっているのか、がペルソナとあなたのお店・会社との"絆"です。その"絆"について具体的に言語化しておきましょう。

④ あなたのお店・会社で働く「醍醐味」を考える

　③で考えた"絆"が、これから働く従業員さんにとってどんな場面で感じられるのか、当たり前ですが、まだ"絆"を感じたことがない人に想像できるように伝える必要があります。それがあなたのお店・会社で働く「醍醐味」を紹介するという作業です。

　醍醐味を考える時のポイントは、その職業に対して別の捉え方ができないかを考えてみる、ということでした。例えば「販売業」「営業職」といった職種という前提を忘れて、あなたのお店・会社で仕事を

するということに働く人はどんな意味を感じているのか、あなたのお店・会社で働くからこそ感じられるやりがいとはどんなものなのか、働く人の目線に立って考えていくとその職種自体を捉え直すことができます。

この捉え直しをしないと、どうしても自分目線のメッセージになりがちです。「うちで働くとこんないいことがあるよ」というスタンスで発信したメッセージには、求職者は感情移入することはできません。あくまでお店・会社側と従業員という立場は変わらないからです。でも、同じ志を持って世の中をよく変えていく仲間というスタンスに立つことができれば、きっと働く従業員さんがあなたのお店・会社で働くということを、従業員さん目線で考えることができるはずです。求職者の視点を踏まえたメッセージだからこそ、求職者の心を動かすことができるのです。

求職者も、あなたのお店・会社のような醍醐味がある職場を探しているということを忘れないでください。商売と同様に一時的な煽り売りをするようなやり方であったり、他店他社が真似することができるようなその他大勢と似たようなアピールをするのではなく、あなたのお店・会社らしさ、職場の醍醐味が正しく伝わることを目指して、採用サイトをつくりましょう。

以上のポイントを踏まえて、第4章までで考えたあなたのお店・会社のホームページづくりの中に、求職者に向けた採用サイトも組み込んでください。ホームページを見てもらう対象は、お客様と求職者とで違いますが、あなたのお店・会社のホームページという意味では当然同じなので一貫性は必要です。

本章でお伝えした採用サイトの考え方は、求人に必ず役立つことは言うまでもないことですが、それだけでなく、あなたのお店・会社のブランドイメージを正しく世の中に発信していく意味でもとても重要な役割を担っていると私は考えています。

　消費者にとって誠実なお店・会社であっても、働く従業員にとっては不誠実なのだとしたら、社会の中に存在する会社組織としてはいびつな存在になってしまうでしょう。実体がそうでなかったとしても、職場環境＝裏側がどうなっているかが見えない会社というのは、「存在」としてどこか不自然な印象を与えてしまいます。情報社会である今の時代だからこそ、どの側面を見てもらっても矛盾や綻びがない＝ブランドイメージが一貫していることが求められているのです。

　ですから、あなたのお店・会社らしさが伝わる採用サイトをつくることは、求人の問題を解決するだけでなく、あなたのお店・会社のブランディングに欠かすことができない作業になりますので、ぜひこの機会に取り組んでみてください。

第5章のまとめ

求人も商売と一緒

スペックだけで
人が集まる
時代ではない!!

給与や立地…💰

採用コストを抑える&
すぐ辞めない人と出会うためには…

相性のよい人 を採用!

↳ HPで『らしさ』『価値観』
『社会に対する姿勢』を伝える

求職者=ペルソナ という視点

求職者
=
ひとりの個性を
持った人として想像する

どんな不安?

どんな希望?

ペルソナにとってのやりがいを見つけるステップ

❶
理想の従業員像
=ペルソナを想定

すでに働いている
(働いたことがある)
人の中から選び、
理由を探る

❷
ペルソナと会社・お店
とを結ぶ"絆"が
何なのかを考える

ピックアップした人に
インタビュー

❸
お店・会社「らしさ」
と照合し、"絆"を
具体化する

発見

228

醍醐味 ＝ やりがい を紹介しよう

内部に入って働く人
だけが体験できる「醍醐味」
　＝
そこで働くやりがい

● 外部にいる人にもわかるように

● 特別であるほど、求職者にとっては
　未知のものになると意識しながら…

求職者目線で考えてみよう！

── 例 お土産屋さんの販売員を採用したい ──

「接客がスキな人が
いいなぁ…」など
当たり前のことは
いったん忘れる‼

ポーイ‼

醍醐味を「その土地に訪れる人たちの
大切な思い出づくりに関われる」とすると…

ウェディングプランナーや
ディズニーランドのキャストと
やりがいは似てるかも!?
という発見💡

採用サイト をつくろう

コーポレートサイトとは 別 に…

● どうしたら 自社らしい
　「醍醐味」が伝わるか？

● ここで働く充実感が伝わる？

にフォーカスした採用サイトを！

この会社
なんかイイかも…

と思ってもらえたら成功！

おわりに

　本書を執筆している最中に、コロナ禍が起こりました。そのことは少なからず本書の内容にも影響していることと思います。経済活動という側面だけで言うと、私自身がひとりの生活者として、お金の使い方を今まで以上に考えるようになりました。「必要だから買う」だけでなく、「このお店だから買う」、あるいは「こんなことを考えている団体だからクラウドファンディングに参加する」「この企業にはなくなってほしくないから支援する」。世の中にあるお店や会社を、サービスやプロダクトを提供するプロバイダではなく、自分の人生になんらかの体験をもたらしてくれた一個の「存在」として認識する、そんな機会になっていたと感じます。

　本書内ケーススタディで登場していただいたカフェのオーナーさんと話をしていてあらためて気づかされたこと、それはブランドをつくり育てるためには「焦らない、嘘をつかない、諦めない」という姿勢が必要だということです。
　これは、大切なことを誰かに伝える時の心構えと同じです。企業・店舗がまるでひとりの人間であるかのように、その姿勢がサイトやSNSなどを介して伝播していく時代だからこそ、このシンプルなことにもう一度向き合う必要があると思います。どこかで聞いたような上辺だけのきれいごとには、人の心は動かされません。ホームページを

はじめとした媒体一つひとつにおいて、その姿勢が感じられるように
しておいてほしいと思います。

　ブランドコミュニケーションは、こちらから押しつけるのではな
く、お客様が自分の体験として積み重ねていってもらうことに委ねる
ものなので、当然時間はかかります。だからこそブランドになるに
は、単に売り上げを上げたいという短期的な欲求ではなく、オーナー
さん自身が根底に持っている一貫した信念やこだわりが必要になるの
です。ゆずれないこだわりこそが人の心を打つということを信じてほ
しいと思います。
　ホームページも生産性や効率だけを重視してつくるのではなく、
「こだわり」をにじませて、お客様にどのような「体験」をもたらす
ことができるかをじっくり考えて設計してください。
　本書が、オーナーさんがご自身の信念やこだわりを今一度明確に
し、しっかりとした軸のあるホームページをつくることの一助になる
ことを願っています。

　最後に、本書の出版にあたり編集を担当いただいた津川雅代さん、
適切なアドバイスをいただきありがとうございました。私自身の考え
の変化にもいつも快く向き合っていただいたことにも感謝いたしま
す。

　2020 年 9 月　　　　　　　　　　　　　　こぼりあきこ

著者略歴

こぼり　あきこ

奈良県出身。同志社大学で視覚認知工学を学び、見た目の印象によって人の感情が動かされる仕組みに興味を持つ。卒業後、富士フイルムを経て独立。現在は株式会社Reproductionでクリエイティブ・ディレクターを務める。
主に小規模の会社・店舗のウェブ戦略のアシストや、保育園・介護事業所などの採用事業のサポートを行なっている。会社やお店、そしてそこで働く人たちが自身の「らしさ」を肯定しながら存在するにはどうすればよいか、という考えをベースに顧客の課題に取り組んでいる。
著書に『ネットで「女性」に売る2』（エムディエヌコーポレーション）がある。

株式会社 Reproduction　https://reproduction.co.jp

女性のファンが生まれる！「伝わるウェブ」のブランド戦略

2020 年 9 月 24 日　初版発行

著　者 —— こぼりあきこ

発行者 —— 中島治久

発行所 —— 同文舘出版株式会社

東京都千代田区神田神保町 1-41　〒 101-0051
電話　営業 03 (3294) 1801　編集 03 (3294) 1802
振替 00100-8-42935
http://www.dobunkan.co.jp/

©A.Kobori　　　　　　　　　　ISBN978-4-495-54069-2
印刷／製本：萩原印刷　　　　　Printed in Japan 2020